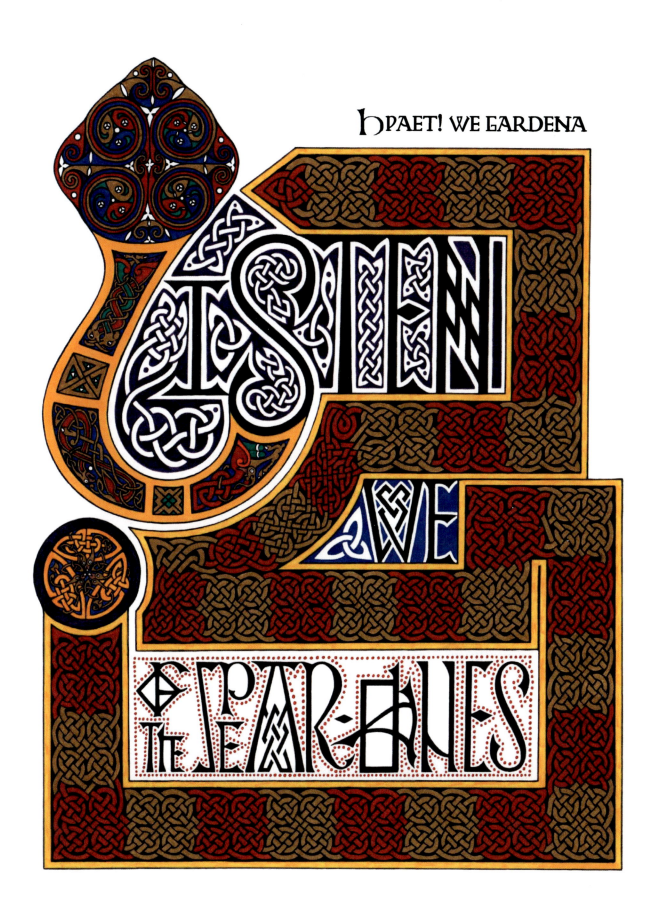

HPAET! WE GARDENA

GESTVN GE THE SPARBNES

STORY through splendid achieve-
in geardagum
ments, the folk kings' former
þeodcyninga þrym gefrunon.
fame have heard; how princes
hu ða æþelingas
displayed then their prowess in
ellen fremedon.
battle. Oft Scyld the Scefing from
oft scyld scefing
scathers in numbers
sceaþena þreatum

from many a people their mead-
monegum maegþum
benches tore. since first he found
meodosetla ofteah.
him friendless and wretched, the
egsode eorle syððan aerest weard
earl had had terror: comfort he got
feasceaft funden he þæs frofre gebad.
for it, waxed 'neath the welkin,
weox under wolcnum.
world-honor gained,
weorðmyndum þah
Till all his neighbors o'er sea were
oð þæt him aeghwylc þara ymbsittendra
compelled to bow to his bidding and
ofer hronrade hyran scolde,
bring him their tribute: an excellent
gomban gyldan. þæt wæs god cyning.
atheling! After was borne him a son
Daem eafera wæs æfter cenned
and heir, young in his dwelling,
geong in geardum þone god sende
whom goo-father sent to solace the
folce to frofre
people. he had marked the misery
fyrenðearfe ongeat.

malice had caused them,
That reaved of their rulers they
þæt hie aer drugon aldorlease
wretched had erstwhile long been
lange hwile.
afflicted. the lord, in requital,
him þæs liffrea
wielder of glory, with world-honor
wuldres wealdend woroldare forgeaf:
blessed him. famed was beowulf,
Beowulf wæs breme
far spread the glory of scyld's
blaed wide sprang—
great son in the lands of Danemen.
Scyldes eafera Scedelandum in.
So the carle that is young, by
swa sceal geong guma
kindnesses rendered the friends of
gode gewyrcean
his father, with fees in abundance
fromum feohgiftum
must be able to earn that when age
on fæder bearme
approacheth eager companions aid
þæt hine on ylde eft gewunigen
him requitingly, when war assaults
wilgesiþas þonne wig cume.
him serve him as liegemen:

by praise-worthy actions must
leode gelaesten: lofdaedum sceal
honor be got 'mong all of the races.
in maegþa gehwaere man geþeön.
at the hour that was fated scyld
him ða Scyld
then departed to the all-father's
gewat to gescæphwile
keeping warlike to wend him; away
felahror feran on frean waere.
then they bare him to the flood of
hi hyne þa ætbaeron
the current, his dear comrades,
to brimes faroðe swaese gesiþas

As himself he had bidden, while
swa he selfa bæd
the friend of the Scyldings word-
þenden wordum weóld wine Scyldinga
sway wielded, and the well-lovèd
leof landfruma
land-prince long did rule them. The
lange ahte.
ring-stemmèd vessel, bark of the
þær æt hyðe stod hringedstefna
Atheling, lay there at anchor, icy in
isig ond utfus æþelinges fær.
glimmer and eager for sailing;

The belovèd leader laid they
aledon þa leofne þeoden
down there, giver of rings, on the
beaga bryttan on bearm scipes
breast of the vessel, the famed by
mærne be mæste.
the mainmast. A many of jewels, of
þær wæs madma fela
fretted embossings, from far-lands
of feorwegum frætwa gelæded.
brought over, Was placed near at
ne hyrde ic cymlicor
hand then; and heard I not ever

That a folk ever furnished a float
ceol gegyrwan
more superbly with weapons of
hildewaepnum ond heaðowaedum
warfare, weeds for the battle, bills
billum ond byrnum.
and burnies; on his bosom sparkled
him on bearme læg
Many a jewel that with him must
madma mænigo þa him mid scoldon
travel on the flush of the flood
on flodes aeht feor gewitan.
afar on the current.

And favors no fewer they furni-
nalæs hi hine laessan lacum teodan
shed him soothly, excellent folk-
þeodgestreonum þonne þa dydon
gems, than others had given him who
þe hine æt frumsceafte
when first he was born outward
forð onsendon aenne
did send him lone on the main, the
ofer yðe umborwesende.
merest of infants: and a gold-
þa gyt hie him
fashioned standard they stretched
asetton segen gyldenne
under heaven

high o'er his head, let the holm-
leton holm beran.
currents bear him, seaward
geafon on garsecg.
consigned him: sad was their spirit,
him wæs geomor sefa
their mood very mournful. Men are
murnende mod. men ne cunnon
not able soothly to tell us, they in
secgan to soðe selerædenne
halls who reside, heroes under
hæleð under heofenum hwa þæm
heaven, to what haven he hied.
hlæste onfeng.

the boroughs then
Ða wæs on
beowulf, bairn of
burzum Beowulf
the scyldings,
Scyldinza
beloved land-prince, for
leof leodcyninz
long lasting season was famed
lonze þraze folcum zeþaeze
mid the folk (his father departed,
fæder ellor hwearf aldor of earde
the prince from his dwelling), all
oþ þæt him eft onwoc
afterward sprang

great-minded healfdene; the Danes
heah Healfdene heold þenden lifde
in his lifetime he graciously governed
zamol ond zuðreouw zlæde Scyldinzas.
grim mooded aged. Four bairns of
ðaem feower beahn forðzerimed in
his body born in succession woke in
woruld wocun weoroda raeswan:
the world, war troopers' leader
Heorozar ond Hroðzar ond
heorogar, hrothgar, and halga the
Halza til.
good;

heard I that Elan was Onenche:
hyrde ic þæt Yrse
ow's consort, the beloved bedmate
wæs Onelan cwen
of the war-scylfing's leader. Then
Heaðo-Scilfinzas healszebedda.
glory in battle to hrothgar was
Þa wæs Hroðzare herespeed zyfen
given, waxing of war-fame, that
wizes weorðmynd þæt him his winemazas
willingly kinsmen obeyed his bidding,
zeorne hyrdon oðð þæt seo zeozoð zeweox
all the boys grew to manhood,

A numerous band. It burned in his
mazodriht micel. him on mod bearn
spirit to urge his folk to found a
þæt healreced hatan wolde
great building, a mead-hall grander
medoærn micel men zewyrcean
than men of the era had heard of,
þone yldo beahn aefre zefrunon
and in it to share with young and
ond þaer on innan eall zedaelan
old all of the blessings
zeonzum ond ealdum

The Lord had allowed him, save
swylc him zod sealde
life and retainers. Then the work I
buton folcscare ond feorum zumena.
And afar was assigned to many
ða ic wide zefraezn weorc zebannan
races in middle-earth's regions, to
manizre maezþe zeond þisne middanzeard.
adorn the great folk-hall. In due
folcstede fraetwan. him on fyrste zelomp
time it happened early 'mong men,
aedre mid yldum þæt hit wearð ealzearo
that 'twas finished entirely,

The greatest of hall-buildings;
healaerna maest.
heorot he named it who wide-
scop him Heort naman
reaching word-sway wielded 'mong
se þe his wordes zeweald
earlmen. his promise he brake not,
wide hæfde. he beot ne aleh.
rings he lavished, treasure at ban:
beazas daelde sinc æt symle.
quet. towered the hall up high and
Sele hlifade heah
horn-crested, huge between antlers:
ond hornzeap.

attle-waves it broed, the blasting
heaðowylma bað
Fire-demon; ere long then from
laðan liges· ne wæs hit
hottest hatred must sword-wrath
lenze þa zen
arise for a woman's husband and
þæt se ecghete aþumsweoran
Father. Then the mighty war-spirit
æfter wælniðe wæcnan scolde.
endured for a season, bore it
Ða se ellenzæst earfoðlice
bitterly, he who broed in darkness,
þraze zeþolode se þe in þystrum bað

That light-hearted laughter loud
þæt he dozora zehwam
in the building greeted him daily;
dream zehyrde
there was dulcet harp-music, clear
hludne in healle· þær wæs heappan swez
song of the singer. he said that was
swutol sang scopes· sægde se þe cuþe
able to tell from of old earthmen's
frumsceaft fira feorran reccan·
beginnings, that Father Almighty
cwæð þæt se ælmihtiza eorðan worhte
earth had created,

The winsome wold that the water
wlitebeorhtne wang swa
encircleth, set exultingly the sun's
wæter bebuzeð· zesette
and the moon's beams to lavish
sizehreþiz sunnan ond monan
their lustre on land-folk and races,
leoman to leohte land-buendum
and earth he embellished in all her
ond zefrætwade foldan sceatas
regions with limbs and leaves; life
leomum ond leafum· lif eac zesceop
he bestowed too

On all the kindreds that live
cynna zehwylcum þara ðe
under heaven. So blessed with ab:·
twice hwyrfaþ· Swa ða drihtguman
unbance, brimming with joyance, the
dreamum lifdon eadizlice
warriors abided, all a certain one
oð ðæt an onzan
'gan to dog them with deeds of dire:·
fyrene fremman feond on helle·
fullest malice, a foe in the hall-
wæs se zrimma
building: this horrible stranger

Was zrendel enacled, the march-
zæst Grendel haten
stepper famous who dwelt in the
maere mearcstapa se þe moras heold
moor-fens, the marsh and the
fen ond fæsten·
fastness; the wan-mooved being
fifelcynnes eard
above for a season in the land of
wonsaeli wer weardode hwile
the Geats, when the Lord and
siþðan him scyppend forscrifen hæfde
Creator had banned him and
in Caines cynne þone cwealm zewræc
branded. For that bitter murder,
The killing of Abel, all-ruling
ece drihten þæs þe he Abel slog·
Father the kindred of Cain crushed
ne zefeah he þære faehðe
with his vengeance; in the feud he
ac he hine feor forwræc
rejoiced not, but far away drove
metod for þy mane
him from kindred and kind, that
mancynne fram·
crime to atone for, Meter of Justice.
þanon untydras ealle onwocon
Thence ill-favored creatures,

Elves and giants, monsters of ocean,
  eotenas ond ylfe ond orcneäs
Came into being, and the giants that
  swylce gigantas þa wið gode wunnon
longsome grappled with God; he gave
  lange þrage· he him ðæs lean forgeald·
them requital.

When the sun was
  Gewat ða neosian
sunken, he set out
  syþðan niht becom
to visit the lofty hall-
  hean huses· hu hit hring-
building, how the Ring-Danes had
  Dene æfter beorþege
used it for beds and benches when
  gebun hæfdon·
the banquet was over. Then he
  fand þa ðær inne æþelinga gedriht
found there reposing many a noble

asleep after supper; sorrow the
  swefan æfter symble· sorge ne cuðon
heroes, misery knew not. the monster
  wonsceaft wera· wiht unhaelo
of evil greedy and cruel tarried but
  grim ond grædig gearo sona wæs
little, fell and frantic, and forced
  reoc ond reþe ond on ræste genam
from their slumbers thirty of thane-
  þritig þegna· þanon eft gewat
men; thence he departed
leaping and laughing, his lair to
  huðe hremig to ham faran
return to, with surfeit of slaughter
  mid þaere wælfylle wica neosan·
sallying homeward. In the dusk of
  ða wæs on uhtan mid aerdæge
the dawning, as the day was just
  Grendles guðcræft

breaking, was Grendel's prowess re-
  gumum undyrne·
vealed to the warriors: then meal-
  þa wæs æfter wiste wop up ahafen
taking finished, a moan was lifted,
Morning-cry mighty. The man-
  micel morgensweg·
ruler famous, the long worthy
  Maere þeoden æþelinz
atheling, sat very woeful, suffered
  aergod unbliðe sæt·
great sorrow, sighed for his liegemen,
  þolode ðryðswyð þegnsorge dreah
when they had seen the track of the
  syðþan hie þæs laðan last sceawedon,
hateful pursuer, the spirit accursèd:
  wergan gastes· wæs þæt gewin to strang
too crushing that sorrow,

too loathsome and lasting. Not
  lað ond longsum. Næs hit
longer he tarried, but one night after
  lengra fyrst
continued his slaughter shameless
  ac ymb ane niht eft gefremede
and shocking, shrinking but little,
  morðbeala mare ond no mearn fore,
from malice and murder; they was-
  faehðe ond fyrene· wæs to fæst on þam.
tered him fully. He was easy to find
  Þa wæs eaðfynde þe him elles hwaer
then who otherwhere looked for
a pleasanter place of repose in
  gerumlicor ræste sohte
the lodges, a bed in the bowers.
  bed æfter burum ða him gebeacnod wæs
Then was brought to his notice told
  gesægd soðlice sweotolan tacne
him truly by token apparent the
  healðegnes hete· heold hyne syðþan
hall-thane's hatred: he held

himself after further and faster

fyn ond fæston se þaém feonde ætwand.

who the foeman dio baffle.

So ruled he and strongly strove

Swa rixode ond wið rihte wan

against justice lone against all men,

ana wið eallum oð þæt idel stod

all empty uptowered the choicest of

husa selest· wæs seo hwil micel,

houses. Long was the season: twelve

twelf wintra tid torn geþolode

winters' time torture suffered the

wine Scyldenda, weana gehwelcne

friend of Scyldings every affliction,

Endless agony; hence it after

sidra sorga· forðam secgum wearð

became certainly known to the

ylda bearnum undyrne cuð,

children of men sadly in measures,

gyddum geomore þætte

that long against Hrothgar Grendel

Grendel wan

struggled:—his grudges he cherished,

hwile wið Hroþgar· heteniðas wæs

murderous malice, many a winter,

Strife unremitting, and peacefully

fyrene ond fæhðe fela misséra,

wished he life-woe to lift from no

singale sæce· sibbe ne wolde

liegeman at all of the men of the

wið manna hwone mægenes

Dane-folk, for money to settle, no

Deniga,feorhbealo feorran,

counsellor needed count for a mom:

fea þingian ne þær

ent on handsome amends at the

naenig witena wenan þorfte

hands of the murderer;

beorhtre bote to banan folmum

The monster of evil fiercely dio ha:

ac se aeglaeca ehtende wæs

rass, the ill-planning death-shade,

deorc deaþscua duguþe ond geogoþe

both elder and younger, trapping and

seomade ond syrede·

tricking them. He trod every night

sinnihte heold

then the mist-covered moor-fens;

mistige moras· men ne cunnon

men do not know where witches and

hwyder helrunan hwyrftum scriþað.

wizards wander and ramble.

So the foe of mankind many of

Swa fela fyrena feond mancynnes

evils grievous injuries, often accomp:

atol angengea oft gefremede,

lished, horrible hermit; Heorot he

heardra hynða· Heorot eardode

frequented, gem-bedecked palace,

sincfage sel sweartum

when night-shades had fallen, (since

nihtum —no he þone gifstol,

God opposed him, not the throne

gretan moste

could he touch,

The light-flashing jewel, love of him

maþðum for metode, ne his myne wisse—

knew not). 'Twas a fearful affliction

Þæt wæs wraec

to the friend of the Scyldings soul-

micel wine Scyldinga,

crushing sorrow. Hot seldom in

modes brecða. Monig oft gesæt

private sat the king in his council;

rice to rune· ræd eahtedon·

conference held they what the

hwæt swiðferhðum selest wære

braves should determine 'gainst

wið faergryrum to gefremmanne·

terrors unlooked for.

At the shrines of their idols often

hwilum hie geheton æt hærgtrafum

they promised gifts and offerings,

  wigweorþunga· wordum baedon

earnestly prayed they the devil

  þæt him gastbona geoce

from hell would help them to lighten

  gefremede wið þeodþreaum·

their people's oppression. Such

  swylc wæs þeaw hyra·

practice they used then, hope of the

  haeþenra hyht· helle gemundon

heathen; hell they remembered

God they knew not, in innermost

  in modsefan· metod hie ne cuþon

spirit, judge of their actions, All-

  daeda demend· ne wiston hie drihten

Wielding Ruler, no praise could they

  god ne hie huru heofena helm

give the guardian of heaven, the

  herian ne cuþon wuldres waldend·

Wielder of glory. Woe will be his

  Wa bið þaem ðe sceal

who through furious hatred his

  þurh sliðne nið sawle bescufan

spirit shall drive to

The clutch of the fire, no comfort

  in fyres fæþm, frofre ne wenan,

shall look for, wax no wiser; well

  wihte gewendan· wel bið þaem þe mot

for the man who, living his life-day,

  æfter deaðdæge drihten secean

his Lord may face and find defence

  ond to fæder fæþmum freoðo wilnian.

in his father's embrace!

Healfdene's kinsman con-

  Swa ða maelceare maga

stantly mused on his long-

  Healfdenes singala seað·

lasting sorrow; the battle-

  ne mihte snotor hæled

thane clever was not anywise able

  wean onwendan·

evil to 'scape from: too crushing the

  wæs þæt gewin to swyð

sorrow that came to the people,

loathsome and lasting the life-

  laþ ond longsum þe on ða leode becom,

grinding torture, greatest of night-

  nydwracu niþgrim nihtbealwa maest.

woes. So Hygelac's liegeman, good

  Þæt fram ham gefrægn Higelaces þegn

amid Geatmen, of Grendel's achieve-

  god mid Geatum, Grendles daeda·

ments heard in his home: of heroes

  se wæs moncynnes maegenes strengest

then living he was stoutest and

  on þaem dæge þysses lifes

strongest, sturdy and noble.

he bade them prepare him a bark

  æþele ond eacen· het him yðlidan

that was trusty; he said he the

  godne gegyrwan· cwæð: he guðcyning

war-king would seek o'er the ocean,

  ofer swanrade secean wolde

the folk-leader noble, since he

  maerne þeoden þa him wæs manna þearf·

needed retainers. For the perilous

  ðone siðfæt him snotere ceorlas

project prudent companions chided

  lyt hwon logon þeah he him leof waere·

him little, though loving him dearly;

they egged the brave atheling aug-

  hwetton higerofne· hael sceawedon.

ured him glory. The excellent knight

hæfde se góda Eeata leoda

Liegemen selected, likest to prove

cempan gecopone þana þe he cenoste

trust-worthy warriors; with four-

findan mihte· fiftyna sum

teen companions the vessel he looked

sundwudu sohte· secg wisade

for; a liegeman then showed them,

A sea-crafty man, the bounds of the

lagucræftig mon landgemyrcu.

country. fast the days fleeted; the

Fyrst forþ gewat·

float was a-water, the craft by the

flota wæs on yðum

cliff clomb to the prow then well-

bat under beorge· beornas gearwe

equipped warriors: the on wave-

stefn stigon —streamas wundon,

currents twisted the sea on the

sund wið sande— secgas bæron

sand; soldiers then carried

On the breast of the vessel bright-

on bearm nacan beorhte frætwe

shining jewels, handsome war-

guðsearo geatolic· guman ut scufon

armor; heroes outshoved then, war-

weras on wilsið wudu

men the wood-ship, on its wished-

bundenne· Gewat þa ofer

for adventure. The foamy-necked

wægholm winde gefysed

floater fanned by the breeze, likest

flota famiheals fugle gelicost

a bird, glided the waters,

till twenty and four hours there-

oð þæt ymb antid oþres dogores

after the twist-stemmed vessel had

wundenstefna gewaden hæfde

traveled such distance that the

þæt ða liðende land gesawon,

sailing-men saw the sloping embank-

brimclifu blican, beorgas steape

ments, the sea cliffs gleaming, precip-

side sænæssas· þa wæs sund liden

tous mountains, nesses enormous:

eoletes æt ende.

they were nearing the limits

At the end of the ocean. Up thence

þanon up hraðe

quickly the men of the Weders clomb

Wedera leode on wang stigon·

to the mainland, fastened their

sæwudu sældon·

vessel (battle weeds rattled, war

syrcan hrysedon guðgewaedo·

burnies clattered), the Wielder they

gode þancedon

thanked that the ways o'er the

þæs þe him yþlade eaðe wurdon.

waters had waxen so gentle.

Then well from the cliff edge the

þa of wealle geseah

guard of the Scyldings who the sea-

weard Scildinga se þe

cliffs should see to, saw o'er the

holmclifu healdan scolde·

gangway brave ones bearing bright

beran ofer bolcan beorhte randas

targets, armor all ready, anxiously

fyrdsearu fuslicu· hine fyrwyt bræc

thought he, musing and wondering

modgehygdum hwæt þa men wæron·

what men were approaching.

high on his horse then hrothgar's

gewat him þa to waroðe wicge ridan

retainer turned him to coastward,

þegn hroðgares· þrymmum cwehte

mightily brandished his lance in his

mægenwudu mundum·

hands, questioned with boldness.

meþelwordum frægn:

"Who are ye men here, mail-covered
'Hwæt syndon ze seaðohæbbendra
warriors clad in your corslets, come
byrnum werede þe þus brontne ceol
thus a-driving

A high riding ship o'er the shoals
ofer lazustræte
of the waters, and hither 'neath
lædan cwomon
helmets have hied o'er the ocean? I
hider ofer holmas?'
have been strand-guard, stationing as
Ic wæs endesæta· æzwearde heold
warden, lest enemies ever anywise
þe on land Dena laðra næniz
ravage Danish dominions with army
mid scipherze sceðþan ne meahte·
of war-ships.

More boldly never have warriors'
No her cuðlicor cuman onzunnon
ventured hither to come; of kinsmen
lindhæbbende ne ze leafnesword
approval, word-leave of warriors,
zuðfremmendra zearwe
I ween that ye surely nothing have
ne wisson maza zemedu·
known. Never a greater one of earls
næfre ic maran zeseah
o'er the earth have I had a sight of
eorla ofer eorþan ðonne
Than is one of your number, a hero
is eower sum
in armor; no low-ranking fellow too:
secz on searwum· nis þæt seldzuma
orned with his weapons, but laun:
wæpnum zeweorðad· næfne him
ching them little, unless looks are
his wlite leoze,
deceiving, and striking appearance.
ænlic ansyn! Nu ic eower sceal
Ere ye pass on your journey as
frumcyn witan aer ze fyr heonan

treacherous spies to scylding-land
leassceawepas on land Dena
And farther fare, I fully must know
furþur feran· Nu ze feorbuend
now what race ye belong to. Ye far-
mereliðende minne zehyrað
away dwellers, sea-faring sailors,
anfealdne zeþoht: ofost is selest
my simple opinion hear ye and hear:
to zecyðanne hwanan
rken: haste is most fitting plainly to
eowre cyme syndon.'
tell me the place ye are come from."

𝕿he chief of the strangers
him se yldesta
rendered him answer,
andswarode· werodes wisa
war-troopers' leader, and word-
wordhord onleac:
treasure opened: "We are sprung
'We synt zumcynnes
from the lineage of the people of
Geata leode
geatland, and hygelac's hearth-
ond Hizelaces heorðzeneatas·
friends. To heroes unnumbered

My father was known, a noble
wæs min fæder folcum zecyþed
head-warrior Ecgtheow naled;
æþele ordfruma Ecztheow haten·
many a winter he lived with the
zebad wintra worn aer
people, ere he passed on his journey,
he on wez hwurfe
old from his dwelling: each of the
zamol of zeardum· hine zearwe zeman
counsellors widely mid world-folk
witena welhwylc wide zeond eorþan·
well remembers him.

We, kindly of spirit, the lord of
We þurh holdne hige hlaford
thy people, the son of king Healfdene,
þinne sunu Healfdenes secean
have come here to visit, folk-troop's
cwomon leodgebyrgean.
defender: be free in thy counsels! To
wes þu us larena god.
the noble one bear we a weighty
habbað we to þaem maeran micel aerende
commission, the helm of the Dane-
Deniga frean. ne sceal þaer dyrne sum
men; we shall hide, I ween,
wesan þaes ic wene. þu wast gif hit is
Naught of our message. Thou knows
if it happen, as we soothly heard
swa we soþlice secgan hyrdon
say, that some savage despoiler,
þæt mid Scyldingum
some hidden pursuer, on nights that
sceaðona ic nat hwylc
are murky by deeds very direful
deogol daeðhata deorcum nihtum
'mid the Danemen exhibits hatred
eaweð þurh egsan uncuðne nið
unheard of, horrid destruction

and the falling of dead. From
hynðu ond hrafyl.
feelings least selfish I am able to
Ic þaes Hroðgar mæg
render counsel to Hrothgar, how he,
þurh rumne sefan raed gelaeran.
wise and worthy, may worst the
hu he frod ond god, feond oferswydeþ—
destroyer, if the anguish of sorrow
gyf him edwendan aefre scolde
should ever be lessened, comfort
bealuwa bisigu bot eft cuman—
come to him, and care-waves grow
ond þa cearwylmas colran wurðaþ
cooler,

Or ever hereafter he agony suffer
oððe a syþðan earfoðþrage
and troublous distress, while
þreanyd þolað
towereth upward the handsomest
þenden þaer wunað
of houses high on the summit."
on heahstede husa selest.'
Bestriding his stallion, the stately
Weard maþelode ðaer on wicge sæt
watchman answered, the doughty
ombeht unforht: ' Aeghwaeþres sceal
retainer: "The difference surely

'twixt words and works, the
sceapp scyldwiga gescad witan
warlike shield-bearer who judgeth
worda ond worca se þe wel þenceð.
wisely well shall determine. This
Ic þæt gehyre.
band, I hear, beareth no malice to
þæt þis is hold weorod
the prince of the Scyldings. Pass ye
frean Scyldinga. gewitaþ forð beran
then onward with weapons and
waepen ond gewaedu. ic eow wisige.
armor. I shall lead you in person;
to my war-trusty vassals
swylce ic maguþegnas mine
command I shall issue to keep from
hate wið feonda
all injury your excellent vessel, your
gehwone flotan eowerne
fresh-tarred craft, 'gainst every
niwtyrwydne nacan on sande
opposer close by the sea-shore, all
arum healdan oþ ðæt eft byreð
the curved-necked bark shall waft
ofer lagustreamas leofne mannan
back again the well-beloved hero

O 'er the way of the water to
wudu wundenhals to

Weder dominions. To warrior so
Wedermearce· godfpemmendra

great 'will be granted sure in the
swylcum gifeþe bið

storm of strife to stand secure."
þæt þone hildefæs hal gedizeð.'

Onward they fared then (the vessel
Gewiton him þa fefian —flota stille bad.

lay quiet, the broad-bosomed bark
seomode on sole sidfaeþmed

ship was bound by its cable,

Firmly at anchor); the boar-signs
on ancfe fæst— eoforlic scionon

glistened bright on the visors vivid
ofer hleorberan

with glowing, blaze-hardened,
gehroden golde· fah ond

brilliant; the boar acted warden.
fyrheard fefhwearde heold.

The heroes hastened, hurried the
guþmod grummon· guman onetton·

liegemen, descended together, all they
sigon ætsomne oþ þæt hy sæltimbred

saw the great palace,

The well-fashioned wassail-hall
geatolic ond goldfah

wondrous and gleaming: 'Mid
ongyton mihton· þæt wæs

world-folk and kindreds that was
foremehost foldbuendum receda

wisest reputed of halls under
under roderum on þæm

heaven which the hero abode in; its
se rica bad·

lustre enlightened lands without
lixte se leoma ofer landa fela.

number. Then the battle-brave hero
him þa hildedeor hof modigra

showed them the glittering

Court of the bold ones, that they
toflt getaehte

easily thither might fare on their
þæt hie him to mihton

journey; the aforementioned warrior
gegnum gangan· guðbeorna sum

turning his courser, quoth as he left
wicg gewende· word æfter cwæð:

them: " 'Tis time I were faring;
'Mael is me to fefian. Fæder alwalda

father Almighty grant you his grace,
mid arstafum eowic gehealde

and give you to journey

safe on your mission! To the sea I
siða gesunde! Ic to sae wille

will get me 'gainst hostile warriors
wið wrað werod wearde healdan.'

as warden to stand."

The highway glistened
Stræt wæs stanfah.

with many-hued pebble,
stig wisode gumum ætgædere.

a path led the liegemen together.
guðbyrne scan heard

firm and hand-locked the war-
hondlocen hringiren scir

burnie glistened, the ring-sword
song in searwum.

Radiant rang 'mid the armor

As the party was approaching the
þa hie to sele furðum

palace together in warlike equip:
in hyra gryregeatwum gangan cwomon.

ments. Against the wall of the
setton saemeþe side scyldas

building their wide-fashioned war-
rondas regnhearde wið þæs recedes weal·

shields they weary did set then,

battle-shields sturdy; benchward
buʒon þa to bence·
they turned then; their battle-sarks
byrnan hringdon guðsearo gumena·
rattled, the gear of the heroes;
The lances stood up then, all in a
ʒaras stodon
cluster, the arms of the seamen,
saemanna searo samod ætʒædere·
ashen-shafts mounted with edges of
æscholt ufan ʒraeʒ·
iron: the armor-clad troopers were
wæs se irenþreat waepnum ʒewurþad·
decked with weapons. Then a
þa ðaer wlonc hæleð
proud-mooded hero asked of the
oretmecʒas æfter hæleþum fræʒn:
champions questions of lineage:
From what borders bear ye your
'Hwanon feriʒeað ʒe
battle-shields plated, gilded and
faette scyldas
gleaming, your gray-colored burnies,
ʒraeʒe syrcan ond ʒrimhelmas
helmets with visors and heap of
hereschaefta heap?
war-lances? To Hrothgar the king I
Ic eom Hroðʒares
am servant and liegeman. 'mong folk
ar ond ombiht· ne seah ic elþeodiʒe
from far-lands found I have never

Men so many of mien more courag-
þus maniʒe men modiʒlicran·
eous. I ween that from valor, nowise
wen' ic þæt ʒe for wlenco
as outlaws, but from greatness of
nalles for wraecsiðum
soul ye sought for king Hrothgar."
ac for hiʒeþrymmum Hroðʒar sohton.'
Then the strength-famous earlman
him þa ellenrof andswarode

answer rendered, the proud-mooded
wlanc Wedera leod word æfter spræc
Weder-chief replied to his question,

hardy 'neath helmet: "Higelac's
heard under helme: 'We synt Hiʒelaces
mates are we; Beowulf hight I. To
beodʒeneatas· Beowulf is min nama·
the bairn of Healfdene, the famous
wille ic asecʒan sunu Healfdenes
folk-leader, I freely will tell to thy
maerum þeodne min aerende
prince my commission, if pleasantly
aldre þinum ʒif he us ʒeunnan wile
hearing he'll grant we may greet him
þæt we hine swa ʒodne ʒretan moton.'
so gracious to all men."

Wulfgar replied then (he was
Wulfʒar maþelode
prince of the Wendels, his boldness
þæt wæs Wendla leod·
of spirit was known unto many, his
wæs his modsefa maneʒum ʒecyðed
prowess and prudence): "The
wiʒ ond wisdom—'Ic þæs wine Deniʒa
friend-lord of Danemen, I will ask
frean Scildinʒa frinan wille
of thy journey, the giver of rings, as
beaʒa bryttan· swa þu bena eart·
thou urgest me do it,
The folk-chief famous, and inform
þeoden maerne ymb þinne sið
thee early what answer the good
ond þe þa andsware aedre ʒecyðan
one mindeth to render me." he turned
ðe me se ʒoda aʒifan þenceð.'
then hurriedly where Hrothgar was
hwearf þa hraedlice þaer Hroðʒar sæt
sitting, old and hoary, his earl men
eald ond anhar mid his eorla ʒedriht·
accosting him; the strength-famous

éode ellenrof þæt he for eaxlum gestod
went all he stood at the shoulder

Of the lord of the Danemen, of
Deniga frean:
courteous Danemen the custom he
cuþe he duguðe þeaw·
minded. Wulfgar addressed then his
Wulfgar maþelode to his
friendly liegelord: "folk of the Geat-
winedrihtne: 'Her syndon geferede
men o'er the way of the waters are
feorran cumene ofer geofenes
wafted hither, faring from far-
begang Geata leode·
lands: the foremost in rank of

The battle-champions is Beowulf
þone yldestan oretmecgas
ated. They make this petition: with
Beowulf nemnað· hy benan synt
thee, O my chieftain, to be granted a
þæt hie, þeoden min, wið þe moton
conference; O gracious king Hrothgar,
wordum wrixlan· no ðu him wearne geteoh
friendly answer refuse not to give
ðinra gegncwida, glædman Hroðgar·
them! In war-trappings weeded
hy on wiggetawum wyrðe þinceað
worthy they seem

Of earls to be honored; sure the
eorla geæhtlan· huru se aldor deah
atheling is doughty who headed the
se þæm heaðorincum hider wisade·'
heroes hitherward coming."

HROThGAR answered, helm
Hroðgar maþelode
of the Scyldings: "I
helm Scyldinga:
remember this man as the merest of
Ic hine cuðe cnihtwesende·
striplings. his father long dead now
wæs his ealdfæder Ecgþeo haten
was Ecgtheow ated, him Hrethel
ðæm to ham forgeaf Hreþel Geata
the Geatman granted at home his

One only daughter; his battle-
angan dohtor· is his eafora nu
brave son is come but now, sought a
heard her cumen· sohte holdne wine.
trustworthy friend. seafaring
Ðonne sægdon þæt sæliþende
sailors asserted it then, who
þa ðe gifsceattas Geata fyredon
valuable gift-gems of the Geatmen
þyder to þance· þæt he þritiges
carried as peace-offering thither,
manna mægencræft on his mundgripe
that he thirty men's grapple has in

his hand, the hero-in-battle. The
heaþorof hæbbe· hine halig god
holy Creator usward sent him, to
for arstafum us onsende
West-Dane warriors, I ween, for to
to West-Denum· þæs ic wen hæbbe·
render 'gainst Grendel's grimness
wið Grendles gryre· ic þæm godan sceal
gracious assistance: I shall give to
for his modþræce madmas beodan·
the good one gift-gems for courage.

hasten to bid them hither to speed
Beo ðu on ofeste· hat in gaän
them, to see assembled this circle of
seon sibbegedriht samod ætgædere·
kinsmen; tell them expressly they're

welcome in sooth to the men of the

gesaga him eac wordum þæt hie

Danes." To the door of the building

sint wilcuman Deniga leodum.'

Wulfgar went then, this word-

Word inne abead:

message shouted:

My victorious liegelord bade me to

'Eow het secgan sigedrihten min

tell you, the East-Danes' ætheling,

aldor East-Dena þæt he eower

that your origin knows he, and o'er

æþelu can ond ge him syndon ofer

wave-billows warped ye welcome

saewylmas heardhicgende hider

are hither, valiant of spirit. Ye

wilcuman. nu ge moton

straightaway may enter clad in

gangan in eowrum guðgeatawum

corslets, cased in your helmets,

To see king Hrothgar. Here let

under heregriman Hroðgar geseon.

your battle-boards, wood-spears

laetað hildebord her onbidan,

and war-shafts, await your

wuduwælsceaftas, worda geþinges.'

conferring." The mighty one rose

Aras þa se rica,

then, with many a liegeman, an

ymb hine rinc manig

excellent thane-group; some there

þryðlic þegna heap. sume þær bidon.

did await them, and as bid of the

heaðoreaf heoldon swa him se hearda bebead.

brave one the battle-gear guarded.

Together they hied them, while the

snyredon ætsomne.

hero did guide them, 'neath Heorot's

þa secg wisode

roof; the high-minded went then

under Heorotes hrof.

sturdy 'neath helmet all he in the

heard under helme þæt he on heoðe gestod.

stood building. Beowulf spake (his

Beowulf maðelode —on him byrne scan

byrnie did glisten, his armor seamed

searonet seowed smiþes orþancum—:

over by the art of the craftsman):

hail thou, Hrothgar! I am Hygelac's

'Wæs þu, Hroðgar, hal. Ic eom Higelaces

kinsman and vassal forsooth; many

mæg ond mægoðegn. hæbbe ic mærða

wonders I dared as a stripling. The

fela ongunnen on geogoþe. me weard

doings of Grendel, in far-off father-

Grendles þing on minre eþeltyrf undyrne cuð:

land I fully did know of; sea-farers

secgað saelidend þæt þæs sele stande

tell us, this hall-building standeth,

Excellent edifice, empty and

reced selesta rinca gehwylcum

useless to all the earlmen after

idel ond unnyt siððan

evenlight's glimmer 'neath heaven's

aefenleoht under heofenes

bright hues hath hidden its glory.

haðor beholen weorþeð.

This my earls then urged me, the

þa me þæt gelaerdon leode mine

most excellent of them, earles very

þa selestan snotere ceorlas,

clever, to come and assist thee,

folk-leader Hrothgar; fully they

þeoden Hroðgar, þæt ic þe sohte

knew of the strength of my body.

for þan hie mægenes cræft mine cuþon.

Themselves they beheld me when I

selfe ofersawon ða ic of searwum cwom

came from the contest, when gore

fah from feondum þær ic fife geband.

covered from foes I escaped, where

Five I had bound, the giant-race
    yðde eotena cyn ond on yðum slog
Wasted, in the waters destroying
The nickers by night, bore number-
    nicepas nihtes· neapoþeappe ðpeah·
Less sorrows, the Weders avenged
    wpæc Wedepa nið —wean ahsodon—
(Woes had they suffered) enemies
    fopʒpand ʒpamum
Ravaged; alone now with Grendel I
    ond nu wið Gpendel sceal
Shall manage the matter, with the
    wið þam aʒlaecan ana ʒehezan
Monster of evil, the giant, decide it.
    ðinʒ wið þypse. Ic þe nu ða,
        Thee I would therefore
Beg of thy bounty, bright -Danish
    bpezo Beopht-Dena, biddan wille,
Chieftain, lord of the Scyldings, this
    eodop Scyldinʒa, anne bene:
Single petition: not to refuse me, def;
    þæt ðu me ne fopwypne, wizendpa hleo
Ender of warriors, folk friend-lord,
    fpeowine folca, nu ic þus feoppan com·
So far have I sought thee that I may
    þæt ic mote ana, minpa eopla ʒedpyht
Unaided, my earlmen assisting me,

This brave-mooded war-band,
    ond þes heapda heap,
Purify Heorot. I have heard through
    Heopot faelsian· hæbbe ic eac ʒe-
Inquiry, the horrible creature from
    ahsod þæt se aeʒlaeca
Veriest rashness recks not for wea:
    fop his wonhydum waepna ne pecceð·
Pons; I this do scorn then, so be big-
    ic þæt þonne fophicze —swa me Hizelac sie
Lac gracious, my liegelord beloved,
    min mondpihten modes blıðe—
        Lenient of spirit,

So bear a blade or a broad-
    þæt ic sweopd bepe opðe
Fashioned target, a shield to the
    sidne scyld ʒeolopand to ʒuþe
Onset; only with hand-grip the foe I
    ac ic mid ʒpape sceal
Must grapple, fight for my life then,
    fon wið feonde ond ymb feoph sacan,
Foeman with foeman; he fain must
    lað wið laþum· ðaep ʒelyfan sceal
Rely on the doom of the lord whom
    ðpyhtnes dome se þe hine deað nımeð·
        Death layeth hold of.

He will wish, I ween, if he win in
    wen' ic þæt he wille ʒif
The struggle, to eat in the war-hall
    he wealdan mot in þaem ʒuðsele
Earls of the Geat-folk, boldly to
    Geotena leode etan unfophte
Swallow them, as of yore he did
    swa he oft dyde, mæʒenhpeð manna.
Often the best of the brethmen! thou
    Na þu minne þeapft
Needest not trouble a head-watch
    hafalan hydan ac he me habban wıle
To give me; he will have me dripping

And dreary with gore, if death
    deope fahne ʒif mec deað nımeð
Overtake me, will bear me off
    bypeð blodiʒ wæl· bypʒean þenceð·
Bleeding, bratt and mouthing me, the
    eteð anʒenʒa unmupnlice·
Hermit will eat me, heedless of pity,
    meapcað mophopu·
Marking the moor-fens; no more wilt
    no ðu ymb mines ne þeapft
Thou need then find me my food. If I
    lices feopme lenʒ sopʒian.
        Fall in the battle,

Send to Higelac the armor that
Onsend Higelace gif mec hild nime
serveth to shield my bosom, the best
beaduscruda betst þæt mine breost wereð,
of equipments, richest of ring-mails;
hrægla selest. þæt is
'tis the relic of Hrethla, the work
Hrædlan laf Welandes geweorc.
of Wayland. Goes Wyrd ever as she
Gæð a wyrd swa hio scel.'
must go!"

H R o Đ G A R
Hroðgar
discoursed,
maþelode
helm of the Scyldings: "To
helm Scyldinga:
defend our folk and to furnish
'Fere fyhtum, þu, wine min Beowulf,
assistance, thou soughtest us hither,
ond for arstafum usic sohtest.
good friend Beowulf the fiercest of
Gesloh þin fæder faehðe maeste:
feuds thy father engaged in,

Heatholaf killed he in hand-to-
wearþ he Heaþolafe to
hand conflict 'mid Wilfing warriors;
handbonan mid Wilfingum.
then the Wederish people for fear
ða hine gara cyn
of a feud were forced to disown
for herebrogan habban ne mihte.
him. Thence flying he fled to the folk
þanon he gesohte Suð-Dena folc
of the south-Danes, the race of the
ofer yða geweale, Ar-Scyldinga.
Scyldings, o'er the rolling of waters;

Lately had I begun then to govern
ða ic furþum weold folce Deninga
the Danemen, the hoard-seat of
ond on geogoðe heold gimmerice
heroes held in my youth, rich in its
hordburh hæleþa.
jewels: dead was Heregar, my
ða wæs Heregar dead
kinsman and elder had earth-joys
min yldra mæg unlifigende
forsaken, Healfdene his bairn. He
bearn Healfdenes. se wæs betera ðonne ic.
was better than I am!

That feud thereafter for a fee I
Siððan þa faehðe feo þingode.
compounded; o'er weltering waters
sende ic Wylfingum ofer wæteres
to the Wilfings I sent ornaments old;
hrycg ealde maðmas. he me aþas swor.
oaths did he swear me. It pains me
Soph is me to secganne on sefan minum
in spirit to any to tell it, what grief
gumena aengum hwæt me Grendel hafað
in Heorot Grendel hath caused me,

What horror unlooked-for, by
hynðo on Heorote mid his heteþancum
hatred unceasing. Waned is my war-
faerunða gefremed. is min fletwerod
band, wasted my hall-troop; Wyrd
wigheap gewanod. hie wyrd forsweop
hath off-cast them to the clutches
on Grendles gryre. god eaþe mæg
of Grendel. God can easily hinder
þone dolsceaðan daeda getwaefan.
the scather from deeds so direful.
Ful oft gebeotedon beore druncne
Oft drunken with beer,

o'er the ale-vessel promised
ofer ealowaege oretmecgas
warriors in armor they would

þæt hie in beorsele
willingly wait on the wassailing-
bidan woldon
benches to grapple with Grendel,
Grendles guþe mid gryrum ecga.
with grimmest of edges. Then this
Ðonne wæs þeos medoheal
mead-hall at morning with murder
on morgentid drihtsele
was reeking, the building was bloody
dreorfah þonne dæg lixte,
at breaking of daylight,

The bench-deals all flooded, drip-
eal bencþelu blode bestymed
ping and bloody, the folk-hall was
heall heoru-dreore.
gory: I had fewer retainers, dear-
ahte ic holdra þy læs,
beloved warriors, whom death had
deorre duguþe þe þa dead fornam.
late hold of. Sit at feast now, thy
Site nu to symle ond onsæl meoto
ments unto heroes, thy victor-fame
sigehreþ secgum swa þin sefa hwette.'
show, as thy spirit doth urge thee!"

for the men of the Geats then to-
Þa wæs Geatmæcgum
gether assembled, in the beer-hall
geador ætsomne
blithesome a bench was readied;
on beorsele benc gerymed
there warlike in spirit they went to
þær swiðferhþe sittan eodon
be seated, proud and exultant. A
þryðum dealle þegn nytte beheold
liegeman did service, who a beaker
se þe on handa bær hroden ealowæge
embellished bore with decorum,
And gleaming-drink poured. The
scencte scir wered. scop hwilum sang

gleeman sang while hearty in Heorot;
hador on Heorote. þær wæs hæleða dream,
there was heroes' rejoicing, a great
dugud unlytel Dena ond Wedera.
war-band of Weders and Danemen.

Werth spoke up, Ecglaf
Hunferð maþelode Ecglafes bearn
his son, who sat at the
þe æt fotum sæt frean Scyldinga.
feet of the lord of the Scyl-
onband beadurune —
dings, opened the jousting (the journey
wæs him Beowulfes
of Beowulf, sea-farer doughty, gave
sið modges merefaran micel æfþunca
sorrow to Unferth

to greatest chagrin, too, for granted
forþon þe he ne uþe þæt ænig oðer man
he never that any man else on earth
æfre mærða þon ma middangeardes
should attain to, gain under heaven,
gehedde under heofenum þonne he sylfa-:
more glory than he): "Art thou that
'Eart þu se Beowulf
beowulf who with Breca did struggle
se þe wið Brecan wunne
on the wide sea-currents, at
on sidne sæ ymb sund flite?
swimming contended,

Where to humor your pride the
Ðær git for wlence
ocean ye tried, 'twas mere folly
wada cunnedon ond for dolgilpe
that accounted you both to risk your
on deop wæter
lives on the ocean. From vainest
aldrum neþdon ne inc ænig mon
vaunting adventured your bodies in
ne leof ne lað belean mihte
care of the waters? And no one was

able nor lief nor loth one, in the
soðfullne sið þa git on sund reon·
least to dissuade you your difficult
þær git eagorstream earmum þehton·
voyage; then ye ventured a-swimming,
where your arms outstretching
maeton merestraeta
the streams ye did cover, the mere-
mundum brugdon· glidon
ways measured, mixing and stirring
ofer garsecg· geofon ypum
them, ylfed the ocean; angry the
weol wintrys wylm·
waves were, with the weltering of
git on wæteres aeht
winter. In the water's possession,
seofon niht swuncon·
ye toiled for a seven-night; he at
he þe æt sunde oferflat·
swimming outdid thee,
and in strength excelled thee. Then
hæfde mare mægen. Þa hine
early in morning on the heathoremes
on morgentid on Heaþo-Raemes
shore the holm-currents tossed him,
holm up ætbær·
sought he thenceward the home of
ðonon he gesohte swaesne eðel,
his fathers, beloved of his liegemen,
leof his leodum, lond
the land of the brondings, the
Brondinga freoðoburh fægere ahte
peace-castle pleasant, where a
þaer he folc
people he wielded,
had borough and jewels. The pledge
burh ond beagas· beot eal wið þe
that he made thee the son of Beanstan:
sunu Beanstanes soðe gelaeste.
soothly hath accomplished.
Ðonne wene ic to þe
Then I ween thou wilt find thee less

wynsan geþingea ðeah þu
fortunate issue, though ever trium:
heaðoraesa gehwaer dohte
phant in onset of battle, a grim
grimme guðe gif þu Grendles dearst
grappling, if Grendel thou darest

for the space of a night near-by
nihtlongne fyrst nean bidan.'
to wait for!" Beowulf answered,
Beowulf maþelode bearn
offspring of Ecgtheow: "My good
Ecgþeowes: 'Hwæt, þu worn
friend Unferth, sure freely and
fela, wine min Hunferð,
wildly, thou prodded with beer of
beore druncen ymb Brecan spraece·
Breca hast spoken, hast told of his
sægdest from his siðe. Soð ic talige
journey! A fact I allege it,

that greater strength in the waters
þæt ic merestrengo maran ahte
I had then, ils in the ocean, than
earfeþo on ypum ðonne aenig oþer man·
any man else had. We made agree-
wit þæt gecwaedon cnihtwesende
ment as the merest of striplings
ond gebeotedon —waeron
promised each other (both of us
begen þa git on geogoðfeore
then were younkers in years) that
þæt wit on garsecg ut
we yet would adventure

Out on the ocean; it all we accom:
aldrum neðdon ond þæt
plished. While swimming the sea-
geæfndon swa. hæfdon swurd nacod þa
floods, sword-blade unscabbarded
wit on sund reon heard on handa:

boldly we brandished, our bodies

wit unc wið hronfixas

expected to shield from the sharks.

werian þohton· no he wiht fram me

he sure was unable to swim on the

flodyþum feor fleotan meahte

waters further than I could,

More swift on the waves, nor

hraþor on holme· no ic fram

would I from him go. Then we two

him wolde· ða wit ætsomne

companions stayed in the ocean five

on sae wæron fif nihta

nights together, till the currents did

fyrst oþ þæt unc flod todraf

part us, the weltering waters, wea-

wado weallende wedera cealdost

thers the bleakest, and nethermost

nipende niht ond norþanwind

night, and the north-wind whistled

Fierce in our faces; fell were the

heaðogrim ondhwearf·

billows. The mere fishes' mood was

hreo wæron yþa· wæs merefixa

mightly ruffled: and there against

mod onhreped· þær me

foemen my firm-knotted corslet,

wið laðum licsyrce min

hand-jointed, hardy, help did

heard hondlocen helpe gefremede·

afford me; my battle-sark braided,

beadohrægl broden on breostum læg

brilliantly gilded, lay on my bosom.

To the bottom then dragged me, a

golde gegyrwed· me to

hateful fiend- scather, seized me

grunde teah fah feondscaða·

and held me, grim in his grapple:

fæste hæfde grim on grape·

'twas granted me, natheless, to

hwæþpe me gyfeþe wearð þæt ic

pierce the monster with the point of

aglaecan orde geraehte

my weapon, obedient blade; battle

hildebille· heaþoraes fornam

offcarried the mighty mere-creature

mihtig meredeor þurh mine hand.

by means of my hand-blow.

ill-meaning

Swa mec gelome

enemies often did cause me

laðgeteonan þreatedon

sorrow the sorest. I served

þearle· ic him þenode

them, in quittance, with my dear-

deoran sweorde swa hit

loved sword, as in sooth it was

gedefe wæs· næs hie ðære

fitting; they missed the pleasure

fylle gefean hæfdon

of feasting abundantly,

Evil ill-doers, of eating my body,

manfordaedlan þæt hie me

of surrounding the banquet deep in

þegon· symbel ymbsaeton

the ocean; but wounded with edges

saegrunde neah ac on

early at morning they were stretched

mergenne mecum wunde

a-high on the strand of the ocean,

be yðlafe uppe laegon

put to sleep with the sword, that

sweordum aswefede þæt syðþan na

sea-going travelers

No longer thereafter were hindered

ymb brontne ford brimliðende

from sailing the foam-dashing

lade ne letton. Leoht eastan com

currents. Came a light from the east,

from the folk of the Geat-men had

beorht beacen godes·
god's beautiful beacon; the billows
brimu swaþredon þæt ic saenæssas
subsided, that well I could see the
geseon mihte windige weallas.
nesses projecting, the blustering crags.
Wyrd oft nereð
Wyrd often saveth

The untoomed hero if doughty his
unfægne eorl þonne his ellen deah.
valor! but me did it fortune to fell
hwæþere me gesaelde þæt ic
with my weapon nine of the nickers.
mid sweorde ofsloh niceras nigene·
Of night-struggle harder 'neath dome
no ic on niht gefrægn
of the heaven heard I but rarely,
under heofones hwealf heardran feohtan
nor of wight more woeful in the
ne on egstreamum earmran mannon·
waves of the ocean;
And yet I 'scaped with my life the
hwaþere ic fara feng
grip of the monsters, weary from
feore gedigde werig·
travel. Then the waters bare me to
ða mec sae oþbær
the land of the Finns, the flood with
flod æfter faroðe on Finna land
the current, the weltering waves. Hot
wudu weallendu. No ic wiht fram þe
a word hath been told me of deeds
swylcra searoniða secgan hyrde
so daring done by thee, Unferth,

And of sword-terror none; never
billa brogan. Breca næfre git
hath Breca at the play of the ba-
æt heaðolace ne gehwæþer incer
tle, nor either of you two, feat so
swa deorlice dæd gefremede
fearless performed with weapons
fagum sweordum

glitang and gleaming * * * *
—no ic þæs gylpe—
I utter no boasting;
Though with cold-blooded cruelty
þeah ðu þinum broðrum to
thou killedst thy brothers, thy near-
banan wurde heafodmaegum·
est of kin; thou needs must in hell get
þæs þu in helle scealt
direful damnation, though doughty
werhðo dreogan þeah þin wit duge·
thy wisdom. I tell thee in earnest,
secge ic þe to soðe, sunu Ecglafes,
offspring of Ecglaf, never had Gren-
þæt næfre Grendel swa fela gryra gefremede
del such numberless horrors,

The direful demon, done to thy
atol aeglaeca ealdre þinum,
liegelord, harrying in Heorot, if thy
hyndo on Heorote gif þin hige waere
heart were as sturdy, thy mood as
sefa swa searogrim swa þu self
ferocious as thou dost describe
talast ac he hafað onfunden
them. He hath found out fully that
þæt he þa faehðe ne þearf
the fierce-burning hatred, the edge-
atole ecgþræce eower leode
battle eager, of all of your kindred,

Of the Victory-Scyldings, need
swiðe onsittan Sige-Scyldinga·
little dismay him: oaths he exacteth,
nymeð nydbade· naenegum
not any he spares of the folk of the
arað leode Deniga ac
Danemen, but fighteth with pleasure,
he lust wigeð· swefeð
killeth and feasteth, no contest
ond sendeþ· secce ne weneþ
expecteth from spear-Danish

to Gar-Denum.
people. but the prowess and valor

Of the earls of the Geatmen early
Ac ic him Geata sceal
shall venture to give him a grapple.
eafoð ond ellen ungeara nu
he shall go who is able bravely to
guþe gebeodan. gaeþ eft, se
banquet, when the bright-light of
þe mot to medo modig siþþan
morning which the second day
morgenleoht ofer ylda bearn
bringeth, the sun in its ether-robes,
oþres dogores sunne sweglwered
o'er children of men shines from the
suþan scineð.'
southward!"

Then the gray-haired, war-famed
Þa wæs on salum sinces brytta
giver of treasure was blithesome
gamolfeax ond guðrof geoce gelyfde
and joyous, the bright-Danish ruler
brego Beorht-Dena gehyrde on Beowulfe
expected assistance; the people's
folces hyrde fæstraedne geþoht.
protector heard from Beowulf his
ðaer wæs hæleþa hleahtor.
bold resolution. There was laughter
hlyn swynsode.
of heroes; loud was the clatter,

The words were winsome. Wealth:
word waeron wynsume.
theow advanced then, consort of
Eode Wealhþeow forð
Hrothgar, of courtesy mindful, gold-
cwen Hroðgares cynna gemyndig
decked saluted the men in the buil:
grette goldhroden guman on healle
ding, and the freeborn woman the
ond þa freolic wif ful gesealde
beaker presented to the lord of the
aerest East-Dena eþelwearde.

kingdom, first of the East-Danes,

bade him be blithesome when beer
bæd hine blíðne æt þaere beorþege
was flowing, liefto his liegemen; he
leodum leofne. he on lust geþeah
lustily tasted banquet and beaker,
symbel ond seleful sigerof kyning.
battle-famed ruler. The Helmingish
ymb-eode þa ides Helminga
lady then graciously circled 'mid all
duguþe ond geogoþe dael aeghwylcne.
the liegemen lesser and greater;

Treasure-cups tendered, all time
sincfato sealde oþ þæt sael alamp
was afforded that the decorous-
þæt hio Beowulfe, beaghroden cwen
mooded, diademed folk-queen might
mode geþungen medoful ætbaer.
bear to Beowulf the bumper o'er-
grette Geata leod.
running; she greeted the Geat-prince,
gode þancode wisfæst wordum
god she did thank, most wise in her
þæs ðe hire se willa gelamp
words, that her wish was fulfilled,

That in any of earlmen she ever
þæt heo on aenigne eorl gelyfde
should look for solace in sorrow.
fyrena frofre.
he accepted the beaker, battle-bold
he þæt ful geþeah
warrior, at Wealhtheow's giving,
wælþeow wiga æt WealhþeÖn
then equipped for combat quoth he
ond þa gyddode guþe gefysed.
in measures, Beowulf spake, off:
Beowulf maþelode bearn Ecgþeowes:
SPRING OF ECGTHEOW:

purposed I then in spirit when I
'Ic þæt hogode· þa ic on
mounted the ocean, when I boarded
holm gestah· saebat gesæt
my boat with a band of my liegemen,
mid minra secga gedriht·
I would work to the fullest the will
þæt ic anunga eowra leoda
of your people or in foe's-clutches
willan geworhte oþðe on wæl crunge
fastened fall in the battle. Deeds I
feondgrapum fæst· ic gefremman sceal
shall do of daring and prowess,

or the last of my life-days live
eorlic ellen oþðe endedæg
in this mead-hall." These words to
on þisse meoduhealle minne gebidan.'
the lady were welcome and pleasing,
Ðam wife þa word wel
the boast of the Geatman; with gold
licodon gilpcwide Geates·
trappings broidered went the free:
eode goldhroden freolicu
born folk-queen her fond-lord to sit
folccwen to hire frean sittan.
by. Then again as of yore was
Þa wæs eft swa ær inne on healle
heard in the building

courtly discussion, conquerors'
þrydword sprecen, ðeod on saelum,
shouting, heroes were happy, all
sigefolca sweg oþ þæt semninga
Healfdene's son would go to his
sunu Healfdenes secean wolde
slumber to seek for refreshing; for
aefenræste· wiste þæm ahlaecan
the horrid hell-monster in the hall-
to þæm heahsele hilde geþinged
building knew he a fight was better:
siððan hie sunnan leoht geseon

mined, since the light of the sun they

No longer could see, and lowering
meahton oþðe nipende niht
darkness o'er all had descended,
ofer ealle scaduhelma
and dark under heaven shadowy
gesceapu scriðan cwoman
shapes came shying around them.
wan under wolcnum. Werod eall aras·
The liegemen all rose then. One sat·
gegrette þa guma guman oþerne
used the other, Hrothgar Beowulf,
Hroðgar Beowulf ond
in rhythmical measures,

wishing him well, and the wassail
him hael abead
hall giving to his care and keeping,
winærnes geweald ond
quoth he departing: "Hot to anyone
þæt word acwæð: 'Naefre ic
else have I ever entrusted, but thee
aenegum men aer alyfde·
and thee only, the hall of the Dane-
siþðan ic hond ond rond hebban mihte·
men, since high I could heave my
ðryþern Dena buton þe nu ða
hand and my buckler.

Take thou in charge now the
hafa nu ond geheald
noblest of houses; be mindful of
husa selest· gemyne maerþo·
honor, exhibiting prowess, watch
mægenellen cyð· waca wið wraþum·
'gainst the foeman! Thou shalt
ne bið þe wilna gad gif þu
want no enjoyments, survive thou
þæt ellenweorc aldre gedigest.'
safely adventure so glorious!"

THEN hrothgar

Ða him Hroþgar
departed, his earl-throng
gewat mid his hæleþa gedryht
attending him, folk-lord of Scyldings,
eodur Scyldinga ut of healle·
forth from the building; the war-
wolde wigfruma Wealhþeo secan
chieftain wished then Wealhtheow
cwen to gebeddan· hæfde
to look for, the queen for a bed-
kyningwuldor Grendle togeanes.
mate. To keep away Grendel
the glory of kings had given a hall
swa guman gefrungon·
watch, as men heard recounted: for
seleweard aseted: sundornytte
the king of the Dane-men he did spec-
beheold ymb aldor Dena·
ial service, gave the giant a watcher:
eotonweard' abead.
and the prince of the Geat-men im-
Huru Geata leod georne truwode
plicitly trusted his warlike strength
modgan mægnes, metodes hyldo
and the Wielder's protection.

his armor of iron off him he did
ða he him of dyde isernbyrnan
then, his helmet from his head, to
helm of hafelan·
his henchman committed his chased-
sealde his hyrsted sweord
handled chain-sword, choicest of
irena cyst ombihtþegne
weapons, and bade him bide with
ond gehealdan het hildegeatwe.
his battle-equipments. The good one
Gespræc þa se goda gylpworda sum
then uttered words of defiance,

Beowulf Geatman, ere his bed he
Beowulf Geata ær he on bed stige:
upmounted: "I hold me no meaner in
'No ic me an herewæsmun
matters of prowess, in warlike
hnagran talige guþgeweorca þonne
achievements, than Grendel does him-
Grendel hine· forþan ic
self; thus I seek not with sword edge
hine sweorde swebban nelle,
to sooth him to slumber, of life to
aldre beneotan þeah ic eal mæge·
bereave him, though well I am able.

No battle-skill has he, that blows
nat he þara goda þæt he
he should strike me, to shatter my
me ongean sleá· rand geheawe
shield, though sure he is mighty in
þeah ðe he rof sie
strife and destruction; but struggling
niþgeweorca ac wit on niht sculon
by night we shall do without edges,
secge ofersittan gif he gesecean dear
dare he to look for weaponless
wig ofer wæpen ond siþðan witig god
warfare, and wise-mooded father

the glory apportion, god ever-
on swa hwæþere hond halig dryhten
holy, on which hand soever to him
mæþðo deme swa him gemet þince.'
seemeth proper." Then the brave-
hylde hine þa heaþodeor
mooded hero bent to his slumber,
hleorbolster onfeng eorles
the pillow received the cheek of the
andwlitan— ond hine ymb monig
noble; and many a martial mere-
snellic særinc selereste gebeah.
thane attending

Sank to his slumber. Seemed it
naénig heopa pohte pæt he
unlikely that ever thereafter any
panon scolde eft eapdlupan aeppe
should hope to be happy at home,
zesecean pole opde fneobuph
hero-friends visit or the lordly
pæn he apeded wæs ac hie hæpdon
troop-castle where he lived from
zeppunen pæt hie aen to
his childhood; they had heard how
pela micles in pæm winsele
slaughter had snatched from the
wældead popnam
wine-hall,

Had recently ravished, of the race
Denizea leóde.
of the scyldings too many by far, but
Ac him dpyhten popzeap
the lord to them granted the
wizspeda zewiopu
weaving of war-speed, to Wederish
Wedepa leódum fpopop ond fultum
heroes aid and comfort, that every
pæt hie feónd heopa
opponent by one man's war-might
duph ánes cpæft ealle opepcomon
they worsted and vanquished,

By the might of himself; the truth
selfes mihtum. sod is zecyped,
is established that God Almighty
pæt mihtiz zod manna
hath governed for ages kindreds and
cynnes weold widepephd.
nations. A lurid night the twilight-
Com on wanpe niht
trav'ler came tramping and striding.
scpidan sceaduzenza. sceótend swaepon
The warriors were sleeping who
pa pæt hopnneced healdan scoldon

should watch the horned-building,

One only excepted. 'Mid earth-
ealle buton ánum —pæt wæs
men 'twas 'stablished, th' implac-
yldum cup pæt hie ne móste·
able foeman was powerless to hurl
pa metod nolde· se synscapa
them to the land of shadows, if the
undep sceadu bpezdan— ac he
Lord were unwilling; but serving as
wæccende wpapum on andan
warder, in terror to foemen, he
bad bolzenmód beadwa zepinzes.
angrily bided the issue of battle.

HATH The cloudy
Da com of
cliffs came from the
mope undep
moor then Grendel going,
misthleopum Gpendel gongan.
God's anger bare he. The monster
zodes ynpe bæp· mynte se
intended some one of earth-men
manscada manna cynnes sumne
in the hall-building grand to entrap
besypwan in sele pam hean·
and make way with:

He went under welkin where well
wod undep wolcnum to pæs pe
he knew of the wine-joyous building,
he winpeced goldsele zumena
brilliant with plating, gold-hall of
zeapwost wisse faettum fahne·
earthmen. Not the earliest occasion
ne wæs pæt popma sid
he the home and manor of Hrothgar
pæt he Hpopzanes ham zesohte·
had sought: ne'er found he in life-

naefne he on aldordagum aer ne siþðan
days later nor earlier

hardier hero, hall-thanes more
heardran haele healðegnas fand.
sturdy! Then came to the building
Com þa to recede rinc siðian
the warrior marching, bereft of his
dreamum bedaeled· duru sona onarn
joyance. The door quickly opened on
fyrbendum faest syþðan he hire
fire-hinges fastened when his fingers
folmum aethran onbraed þa bealohydig
had touched it; the fell one had
ða he gebolgen waes,
flung then—his fury so bitter—
Open the entrance. Early there-
recedes muþan· raþe aefter þon
after the foeman trod the shining
on fagne flor feond treddode·
hall-road, strode he angrily; from
eode yrremod· him of eagum stod
the eyes of him glimmered a lustre
ligge gelicost leoht unfaeger·
unlovely likest to fire. He beheld in
geseah he in recede rinca manige
the hall the heroes in numbers,

A circle of kinsmen sleeping together,
swefan sibbegedriht samod
a throng of thanemen: then were his
aetgaedere magorinca heap. þa
thoughts exultant, he minded to
his mod ahlog: mynte þaet he
sunder from each of the thanemen
gedaelde aer þon daeg cwome
the life from his body, horrible
atol aglaeca anra gehwylces lif
demon, ere morning came, since fate
wið lice þa him alumpen waes
had allowed him

The prospect of plenty. Providence
wistfylle wen. Ne waes þaet wyrd
willed not to permit him any more
þa gen þaet he ma moste
of men under heaven to eat in the
manna cynnes ðicgean ofer þa niht·
night-time. Higelac's kinsman great
þryðswyð beheold maeg Higelaces
sorrow endured how the dire-
hu se manscaða under
mooded creature in unlooked-for
faergripum gefaran wolde.
assaults were likely to bear him.

No thought had the monster of
Ne þaet se aglaeca yldan þohte
deferring the matter, but on earliest
ac he gefeng hraðe forman siðe
occasion he quickly laid hold of a
slaependne rinc slat unwearnum·
soldier asleep, suddenly tore him,
bat banlocan· blod edrum dranc·
bit his bone-prison, the blood drank
synsnaedum swealh· sona haefde
in currents, swallowed in mouthfuls:
unlyfigendes ealgefeormod
he soon had the dead man's

feet and hands, too, eaten entirely.
fet ond folma·
Nearer he strode then, the stout-
forð near aetstop·
hearted warrior snatched as he
nam þa mid handa higeþihtigne
slumbered, seizing with hand-grip,
rinc on raeste· raehte ongean
forward the foeman joined with his
feond mid folme·
hand; caught he quickly the cunning
he onfeng hraþe
deviser,

On his elbow he rested. This early
Sona þæt onfunde fyrena hyrde·
discovered the master of malice that
þæt he ne mette middanzeapdes
in middle-earth's regions, 'Neath
eorþan sceatta on elþan men
the whole of the heavens, no hand-
mundzripe maran· he on
grapple greater in any man else had
mode weapð fohrt on ferhðe·
he ever encountered: fearful in
no þy aer fram meahte·
spirit, faint-mooded waxed he,

Not off could betake him; death he
hyze wæs him hinfus·
was pondering, would fly to his
wolde on heolsten fleon,
covert, seek the devils' assembly:
secan deofla zedpæz· ne wæs
his calling no more was the same he
his dpohtoð þaen swylce he
had followed long in his lifetime.
on ealdeпdazum aeп zemette·
The liege-kinsman worthy of Higelac
Gemunde þa se zoda maez Hizelaces
minded his speech of the evening,

Stood he up straight and stoutly
aefensppaece· uplanz astod
to seize him. His fingers crackled;
ond him fæste wiðfenz· finzras bupston·
the giant was outward, the earl
eoten wæs utweard· eorl furþur stop·
stepped farther. The famous one
Mynte se maera hwaeп
minded to flee away farther, if he
he meahte swa wiðre
found an occasion, and off and
zewindan ond on wez þanon
away, avoiding delay,

to fly to the fen-moors; he fully
fleon on fenhopu· wiste his
was aware of the strength of his
finzra zeweald on zrames
grapple in the grip of the foeman.
zrapum· þæt he wæs zeocopsð
'Twas an ill-taken journey that the
þæt se heapmscaþa to
injury-bringing, harrying harmer to
Heorute ateah· Dpyhtsele
Heorot wandered: the palace
dynede· Denum eallum weapð
re-echoed; to all of the Danemen,
Dwellers in castles, to each of the
ceastepbuendum cenpa zehwylcum
bold ones, Earlmen, was terror.
eoplum ealuscepwen· ynne waepon
Angry they both were, archwarders
bezen weþe penweapdas· peced hlynsode·
raging. Rattled the building; 'twas
Þa wæs wundop micel þæt
a marvelous wonder that the wine-
se winsele wiðhæfde heaþodeopum·
hall withstood then the bold-in-
þæt he on hpusan ne feol
battle, bent not to earthward,

Excellent earth-hall; but within &
faezeп foldbold ac he þæs
without it was fastened firmly in
fæste wæs innan ond utan
fetters of iron by the armorer's art.
ipenbendum seapoponcum besmiþod·
Off from the sill there bent mead-
þaeп fram sylle abeaz medubenc
benches many, as men have informed
moniz mine zefpaeze zolde
me, adorned with gold-work, where
zepeznad þaeп þa zraman wunnon·
where the grim ones did struggle.

The Scylding wise men weened
þæs ne wendon aer witan Scyldinga·
ne'er before that by might and main
þæt hit a mid gemete
strength a man under heaven might
manna aenig betlic ond
break it in pieces, bone-decked,
banfag tobrecan meahte,
resplendent, crush it by cunning,
listum tolucan nymþe liges
unless clutch of the fire in smoke
fæþm swulge on swaþule.
should consume it. The sound
Sweg up astag
mounted upward

Novel enough; on the North Danes
niwe geneahhe· Norð-Denum
fastened a terror of anguish, on all
stod atelic egesa anra
of the men there who heard from
gehwylcum þara þe of
the wall the weeping and plaining,
wealle wop gehyrdon, gryyreleoð
the song of defeat from the foeman
galan godes andsacan
of heaven, heard him hymns of
sigeleasne sang, sar wanigean
horror howl, and his sorrow

hell-bound bewailing. he held him
helle hæfton· heold hine fæste
too firmly who was strongest of
se þe manna wæs mægene strengest
main-strength of men of that era.
on þaem dæge þysses lifes.

no cause whatever
Nolde eorla hleo
would the defender
aenige þinga
of earlmen leave in
þone cwealmcuman cwicne

life-joy the loathsome newcomer, he
forlaetan ne his lifdagas leoda aenigum
deemed his existence utterly useless
nytte tealde. Þær genehost brægð
to men under heaven. Many a noble

Of beowulf brandished his battle-
eorl Beowulfes ealde lafe·
sword old, would guard the life of
wolde freadrihtnes feorh ealgian
his lord and protector, the far-
maeres þeodnes ðær hie meahton swa·
famous chieftain, if able to do so;
hie þæt ne wiston þa hie gewin drugon
while waging the warfare, this wist
heardhicgende hildemecgas
they but little, brave battle-thanes,
ond on healfa gehwone heawan þohton,
while his body intending

To slit into slivers, and seeking his
sawle secan: þone
spirit that the relentless foe-man
synscaðan aenig ofer eorþan
nor finest of weapons of all on the
irenna cyst guðbilla nan
earth, nor any of war-bills was
gretan nolde ac he
willing to injure; but weapons of
sigewaepnum forsworen hæfde
victory swords and suchlike he had
ecga gehwylcre.
sworn to dispense with.

his death at that time must prove
Scolde his aldorgedal on ðaem dæge
to be wretched, and the far-away
þysses lifes earmlic wurðan ond se ellorgast
spirit widely should journey into
on feonda geweald feor siðian·
enemies' power. This plainly he
ða þæt onfunde se þe fela aeror
saw then who with mirth of mood

malice no little had wrought in the
modes myrðe manna cynne
past on the race of the earthmen,
To god was he hostile, that his
fyrene gefremede —he, fag wið god—
body would fail him, but Higelac's
þæt him se lichoma laestan
hardy henchman and kinsman held
nolde ac hine se modega mæg
him by the hand; hateful to other
Hygelaces hæfde be honda· wæs
was each one if living. A body-
gehwæþer oðrum lifigende lað·
wound suffered the direful demon,
licsar gebad
damage incurable

Was seen on his shoulder, his
atol aeglaeca· him on eaxle wearð
sinews were shivered, his bone-locks
syndolh sweotol· seonowe onsprungon·
did burst. To Beowulf was given
burston banlocan· Beowulfe wearð
glory in battle; Grendel from thence-
guðhreð gyfeþe· scolde Grendel þonan
ward must flee and hide him in the
feorhseoc fleon under fenhleoðu,
fen-cliffs and marshes, sick unto
secean wynleas wic·
death, his dwelling must look for

Unwinsome and woeful; he wist
wiste þe geornor
the more fully his life-days' limits.
þæt his aldres wæs ende gegongen
at last for the Danemen, when the
dogera dægrim. Denum eallum wearð
slaughter was over, their wish was
æfter þam wælræse willa gelumpen:
accomplished. The comer-from-far-
hæfde þa gefaelsod se þe ær feorran com
land had cleansed then of evil,

Wise and valiant, the war-hall
snotor ond swyðferhð sele
of Hrothgar, saved it from violence.
Hroðgares, genered wið niðe·
He joyed in the night-work, in repute
nihtweorce gefeh ellenmærþum·
for prowess; the prince of the Geat-
hæfde East-Denum Geatmecga
men for the East-Danish people his
leod gilp gelæsted·
boast had accomplished, bettered
swylce oncyþðe ealle gebette
their burdensome bale-sorrow fully,

The craft-begot evil they erstwhile
inwidsorge þe hie ær drugon
had suffered and were forced to
ond for þreanydum þolian
endure from crushing oppression,
scoldon torn unlytel·
their manifold misery. 'Twas a
þæt wæs tacen sweotol
manifest token, when the hero-in-
syðþan hildedeor hond alegde
battle the hand suspended, the arm
earm ond eaxle —þær
and the shoulder (there was all of
wæs eal geador Grendles
the claw of Grendel together) 'neath
grape— under geapne hrof·
great-stretching hall-roof.

The mist of the morning many a
Da wæs on morgen mine
warrior stood round the gift-hall,
gefraege ymb þa gifhealle
as the story is told me: from far
guðrinc monig ferdon folctogan
and from near folk-princes fared
feorran ond nean geond widwegas
then through long stretching journeys
wundor sceawian

to look at the wonder,

The footprints of the foeman.
láþes lástas.

Few of the warriors who gazed on
no his lifgedal

the foot-tracks of the inglorious
saþlic þuhte secga aenegum

creature his parting from life pained
þaþa þe tirleases trode sceawode·

very deeply, how, weary in spirit,
hu he werigmod on weg þanon

off from those regions in combats
niða ofercumen

conquered he carried his traces,

fated and flying to the flood of
on nicera mere faege

the nickers. There in bloody billows
ond geflymed feorhlastas bær.

bubbled the currents, the angry eddy
Ðær wæs on blode brim weallende,

was everywhere mingled and welling
atol yða geswing eal gemenged

with gore, seething with sword-
haton heolfre heorodreore weol·

blood; he death-doomed had hid
deaðfæge deog siððan dreama leas

him, when reaved of his joyance

he laid down his life in the lair he
in fenfreoðo feorh alegde

had fled to, his heathen spirit,
haeþene sawle· þær him

where hell did receive him. Thence
hel onfeng. Þanon eft gewiton

the friends from of old backward
ealdgesiðas swylce geong

turned them, and many a younker
manig of gomenwaþe

from merry adventure, sorting their
fram mere modge mearum ridan

stallions, stout from the seaward,

heroes on horses. There were
beornas on blancum· ðær wæs

heard very often Beowulf's praises;
Beowulfes maerðo maened·

many often asserted that neither
monig oft gecwæð

south nor north, in the circuit of
þætte suð ne norð be saem tweonum

waters, o'er outstretching earth-
ofer eormengrund ofer naenig

plain, none other was better 'mid
under swegles begong selra naere

bearers of war-shields, more
rondhæbbendra, rices wyrðra·

worthy to govern,

Neath the arch of ether. Not any,
ne hie huru winedrihten

however, 'gainst the friend-lord
wiht ne logon gladne

muttered, mocking-words uttered of
hwoðran ac þæt wæs

Hrothgar the gracious (a good king
god cyning. hwilum heaþorofe

he). Oft the famed ones permitted
hleapan leton on geflit

their fallow-skinned horses to run
faran fealwe mearas

in rivalry, racing and chasing,
ðær him foldwegas fægere

to them fair and inviting, known for
þuhton cystum cuðe. hwilum

their excellence; oft a thane of the
cyninges þegn guma

folk-lord, a man of celebrity, minto:
gilphlæden gidda gemyndig

ful of rhythms, who ancient tradi-
se ðe ealfela ealdgesegena

tions treasured in memory, new
worn gemunde word oþer fand

word-groups found properly bound

troops ready: well-drunken heroes,

The bard after 'gan then Beo:-
    soðe gebunden· secg eft ongan
wulf's venture wisely to tell of, and
    sið Beowulfes snyttrum
words that were clever to utter,
    styrian ond on sped wrecan
skillfully, earnestly speaking, every:-
    spel gerade, wordum wrixlan·
thing told he that he heard as to
    welhwylc gecwæð þæt he fram
Sigmund's mighty achievements, many
    Sigemunde secgan hyrde
things hidden,

The strife of the Welsing, the
    ellendaedum: uncuþes fela
wide-going ventures the children of
    Wælsinges gewin wide siðas
men knew of but little, the feud and
    þara þe gumena bearn gearwe ne wiston
the fury, but Fitela with him, when
    faehðe ond fyrena buton Fitela mid hine,
such like matters he minded to
    þonne he swulces hwæt secgan wolde
speak of, uncle to nephew, as in
    eam his nefan swa hie a waeron
every contention

Each to other was ever devoted:-
    æt niða gehwam nydgesteallan·
a numerous host of the race of the
    hæfdon ealfela eotena
scathers they had slain with the
    cynnes sweordum gesaeged·
sword-edge. To Sigmund accrued
    Sigemunde gesprong æfter
then no little of glory, when his life-
    deaðdæge dom unlytel
days were over, since he sturdy in
    syððan wiges heard wyrm acwealde
struggle had destroyed the dragon,

The hoard-treasure's keeper;
    hordes hyrde·
'neath the hoar-grayish stone he,
    he under harne stan
the son of the atheling, unaided
    æþelinges bearn ana genedde
adventured the perilous project; not
    frecne daede ne waes him Fitela mid·
present was Fitela, yet the fortune
    hwæþre him gesaelde ðæt þæt swurd
befell him of forcing his weapon
    þurhwod wraetlicne wyrm þæt
through the marvelous dragon, that
    hit on wealle ætstod
it stood in the wall,

well-honored weapon; the worm
    dryhtlic iren· draca morðre
was slaughtered. The great one had
    swealt·hæfde aglaeca elne
gained then by his glorious achieve:-
    gegongen þæt he beahhordes
ment to reap from the ring-hoard
    brucan moste selfes dome·
richest enjoyment, as best it did
    saebat gehleod· bær on
please him: his vessel he loaded,
    bearm scipes beorhte fraetwa
shining ornaments on the ship's
    Wælses eafera
bosom carried, kinsman of Wels: the
    —wyrm hat gemealt—
drake in heat melted.

he was farthest famed of fugitive
    se wæs wreccena wide maerost
pilgrims, mid wide-scattered world-
    ofer werþeode wigendra hleo
folk, for works of great prowess,
    ellendaedum —he þæs aer
war-troopers' shelter: hence waxed
    onðah— siððan Heremodes
he in honor. Afterward Heremod's

hild sweðþode,
hero-strength failed him,
his vigor and valor. 'Mid
eaffoð ond ellen·
venomous haters to the hands of
he mid eotenum weafð
foemen he was foully delivered,
on feonda geweald forð forlacen
offdriven early. Agony-billows
snude forsended· hine sorhwylmas
oppressed him too long; to his
lemede to lange· he his leodum weafð
people he became then, to all the
eallum æþellingum to aldorceare·
athelings, an ever-great burden;

and the daring one's journey in
swylce oft bemearn æffran
days of yore many wise men were
maelum swiðferhþes sið snotor
wont to deplore, such as hoped he
ceorl monig se þe him
would bring them help in their
bealwa to bote gelyfde þæt
sorrow, that the son of their ruler
þæt ðeodnes bearn geþeon scolde,
should rise into power, holding the
fæderæþelum onfon, folc gehealdan
headship held by his fathers,
should govern the people, the gold-
hord ond hleoburh
hoard and borough, the kingdom of
hæleþa rice eðel Scyldinga·
heroes, the realm of the scyldings.
he þær eallum weafð maeg
he to all men became then far more
higelaces manna cynne
beloved, higelac's kinsman, to
freondum gefægra·
kindreds and races, to his friends
hine fyren onwod.
much dearer; him malice assaulted.

Oft running and racing on roads
hwilum flitende fealwe stræte
they measured the dun-colored high-
mearum maeton. Ða waes
ways. Then the light of morning was
morgenleoht scofen ond scynded· eode
hurried and hastened. Went hench-
scealc monig swiðhicgende to sele
men in numbers to the beautiful buil-
þam hean seapowundon seon·
ding, bold ones in spirit, to see the
swylce self cyning
wonder; the liegelord himself then

from his wife-bower wending,
of bryðbure beahhorda
warden of treasures, glorious trod
weard tryddode tirfæst getrume
with troopers unnumbered, famed
micle cystum gecyþed
for his virtues, and with him the
ond his cwen mid him
queen-wife measured the mead-
medostigge mæt mægþa hose.
ways, with maidens attending.

Hrothgar
hroðgar
discoursed (to the
maþelode —he to
hall-building went he, he stood by
healle geong· stod on
hrof the pillar saw the steep-rising
stapole· geseah steapne
hall-roof gleaming with gold-gems,
golde fahne ond
and grendel his hand there): "For
grendles hond·'Ðisse ansyne
the sight we behold now, thanks to
alwealdan þanc

the Wielder

Early be offered! Much evil I
lunзpe зelimpe! Fela ic laþes зebad,
bred, snaring from Grendel; God can
зрупna æt Grendle· a mæз god wyrcan
e'er 'complish wonder on wonder,
wunder æfter wundre, wuldres hyrde.
Wielder of glory! but lately I
Ðæt wæs unзeara þæt ic æniзra me
reckoned ne'er under heaven comfort
weana ne wende to widan feore
to gain me for any of sorrows,

While the handsomest of houses
bote зebidan þonne blode fah
horrid with bloodstain gory stood;
husa selest heorodreoriз stod:
grief had off-frightened each of the
wea widscofen witena зehwylcne
wise ones who weened not that ever
ðara þe ne wendon þæt hie
the folk-troop's defences 'gainst
wideferhð leoda landзeweorc laþum
foes they should strengthen, 'gainst
bewenedon scuccum ond scinnum·
sprites and monsters. Through the
na sceale hafað
  might of the Wielder
A doughty retainer hath a deed
þurh drihtnes miht dæd зefremede
now accomplished which erstwhile
ðe we ealle ær ne meahton
we all with our excellent wisdom
snyttrum besyrwan· hwæt, þæt
failed to perform. May affirm very
secзan mæз efne swa hwylc
truly what woman soever in all of
mæзþa swa ðone maзan cende æfter
the nations gave birth to the child,
зumcynnum зyf heo зyt lyfað
  if yet she surviveth,

That the long-ruling Lord was
þæt hyre ealdmetod este
lavish to herward in the birth of
wære bearnзebyrdo. Nu ic,
the bairn. How, Beowulf dear, most
Beowulf, þec, secз betosta, me
excellent hero, I'll love thee in spirit
for sunu wylle freoзan on ferhþe·
as bairn of my body; bear well
heald forð tela niwe sibbe·
henceforward the relationship new.
ne bið þe æniзre зad
  No lack shall befall thee
Of earth-joys any I ever can give
worolde wilna þe ic зeweald hæbbe·
thee. Full often for lesser service
ful oft ic for læssan lean
I've given hero less hardy hoard-
teohhode hordweorþunзe hnahran
treasure precious, to a weaker in
rince saemran æt sæcce· þu þe
war-strife. By works of distinction
self hafast daedum зefremed
thou hast gained for thyself now
þæt þin dom lyfað
  that thy glory shall flourish

Forever and ever. The All-Ruler
awa to aldre· alwalda þec
quite thee with good from his hand
зode forзylde swa he
as he hitherto did thee" Beowulf
nu зyt dyde!' Beowulf
answered, Ecgtheow's offspring:
maþelode bearn Ecзþeowes:
"That labor of glory most gladly
'We þæt ellenweorc estum
achieved we, the combat accomp:
miclum feohtan fremedon·
ushed, unquailing we ventured
frecne зeneððon

The enemy's grapple; I would
earfoð uncuþes. Uþe ic swiþor
grant it much rather thou wert able
þæt ðu hine selfne geseon moste
to look at the creature in person,
feond on frætewum fylwerigne·
faint unto falling, the foe in his
ic him hrædlice heaþan clammum
trappings! On murder-bed quickly I
on wælbedde wriþan þohte
minded to bind him, with firm-held
þæt he for handgripe minum scolde
fetters, that forced by my grapple

Low he should lie in life-and-death
licgean lifbysig butan his lic swice·
struggle 'less his body escape; I was
ic hine ne mihte þa metod nolde
wholly unable, since god did not
ganges getwaeman· no ic him
will it, to keep him from going, not
þæs georne ætfealh feorhgeniðlan·
held him that firmly, hated
wæs to foremihtig
opposer; too swift was the foeman.
feond on feþe·
    Yet safely regarding
he suffered his hand behind him to
hwæþere, he his folme forlet
linger, his arm and shoulder, to act
to lifwraþe last weardian,
as watcher; no shadow of solace
earm ond eaxle· no þær aenige swa þeah
the woe-begone creature found him
feasceaft guma frofre gebohte·
there nathless: the hated destroyer
no þy leng leofað laðgeteona
liveth no longer, lashed for his
evils,

but sorrow hath seized him, in
synnum geswenced ac hyne
snare-meshes hath him close in its
sar hafað in nidgripe
clutches, keepeth him writhing in
nearwe befongen balwon bendum
baleful bonds: there banished for
ðær abidan sceal maga
evil the man shall wait for the
mane fah miclan domes·
mighty tribunal, how the god of
hu him scir metod scrifan wille.'
glory shall give him his earnings."

Then the soldier kept silent, son
Ða wæs swigra secg
of old Ecglaf, from boasting and
sunu Ecglafes on gylpspraece
bragging of battle achievements, since
guðgeweorca siþðan æþelingas
the princes beheld there the hand
eorles cræfte ofer
that depended 'neath the lofty
heanne hrof hand
hall-timbers by the might of the
sceawedon feondes fingras·
noble man, each one before him, the
foran aeghwylc wæs
enemy's fingers;

Each finger-nail strong steel most
steda nægla gehwylc style
resembled, the heathen one's hand-
gelicost haeþenes handsporu
spur, the hero-in-battle's claw
hilderinces egl unheoru·
most uncanny; quoth they agreeing,
aeghwylc gecwæð þæt him
that not any excellent edges of brave
heardra nan hrinan wolde
ones was willing to touch him, the
iren aergod, þæt ðæs ahlaecan
terrible creature's battle-hand

blodge beadufolme onbergan wolde.
bloody to bear away from him.

Then straight was
Đa wæs hacen
ordered that Heorot
hrebe heort
inside with hands be em:
innanweard folmum gefrætwod.
bellished: a host of them gathered,
fela þæra wæs wera
of men and women, who the
ond wifa þe þæt winreced
wassailing-building the guest-hall
gestsele gyredon. goldfag scinon
begeared. gold flashing sparkled

Webs on the walls then, of won:
web æfter wagum wundorsiona
ders a many to each of the heroes
fela secga gehwylcum þara þe on
that look on such objects. The
swylc starað. wæs þæt beorhte bold
beautiful building was broken to
tobrocen swiðe eal inneweard
pieces which all within with irons
irenbendum fæst, heorras tohlidene.
was fastened, its hinges torn off:
hrof ana genæs
only the roof was

Whole and uninjured when the
ealles ansund þe se aglæca
horrible creature outlawed for evil
fyrendædum fag on fleam gewand
off had betaken him, hopeless of
aldres orwena. No þæt yðe byð
living. 'Tis hard to avoid it (who
to befleonne — fremme se þe wille —
ever will do it); but he doubtless
ac gesacan sceal sawlberendra

must come to the place awaiting, as
nyde genydde,
Wyrd hath appointed,
Soul-bearers, earth-dwellers,
niþða bearna grundbuendra gearwe
earls under heaven, where bound on
stowe þær his lichoma legerbedde
its bed his body shall slumber when
fæst swefeþ æfter symle.
feasting is finished. Full was the
þa wæs sæl ond mæl þæt to
time then that the son of Healfdene
healle gang Healfdenes sunu.
went to the building; the excellent
wolde self cyning symbel þicgan.
atheling would eat of the banquet.

He'er heard I that people with
ne gefrægen ic þa mægþe
hero-band larger bare them better
maran weorode ymb hyra
tow'rds their bracelet-bestower.
sincegyfan sel gebæran. bugon
The laden-with-glory stooped to
þa to bence blædagande fylle
the bench then (their kin-companions
gefægon. fægere gefægon
in plenty were joyful, many a cupful
medoful manig magas þara
quaffing complaisantly),

Doughty of spirit in the high-hall'd
swiðhicgende on sele þam hean
palace, Hrothgar and Hrothulf.
Hroðgar ond Hroþulf. Heorot
Heorot then inside was filled with
innan wæs freondum afylled.
friendly ones; falsehood and trea:
nalles facenstafas þeod-Scyldingas
chery the folk-Scyldings now nowise
þenden fremedon. Forgeaf þa

old practice. Then the offspring of
Beowulfe brand Healfdenes
Healfdene offered to Beowulf

a golden standard, as reward for
segen gyldenne sigores to leane
victory, a banner embossed, helmet
hroden hiltecumbor, helm ond byrnan·
and byrnie; many men saw then a
maere maðþumsweord manige gesawon
song-famous weapon borne 'fore the
beforan beorn beran· Beowulf geþah
hero. Beowulf drank of the cup in
ful on flette· no he þaere feohgyfte
the building; that treasure-bestowing

he needed not blush for in battle-
for scotenum scamigan þorfte·
men's presence. He'er heard I that
ne gefraegn ic freondlicor
many men in friendlier fashion to
feower madmas golde gegyrede
their fellows on the ale-bench pres:
gummanna fela in ealobence
ented four bright jewels with gold-
oðrum gesellan· ymb þaes
work embellished. 'Round the roof
helmes hrof heafodbeorge
of the helmet a head-guard outside

braided with wires, with bosses
wirum bewunden walan utan
was furnished, that swords for the
heold þaet him fela laf
battle fight-hardened might fail
frecne ne meahton scurheard
boldly to harm him, when the hero
scebban þonne scyldfreca ongean
proceeded forth against foemen. The
gramum gangan scolde· heht ða
defender of earls then commanded
eorla hleo eahta mearas
that eight steeds with bridles

gold-plated, gleaming, be guided to
faetedhleore on flet teon
hallward, inside the building on one
in under eoderas· þara anum stod
of them stood then an art-broidered
sadol searwum fah since gewurþad·
saddle embellished with jewels;
þaet waes hildesetl heahcyninges
'twas the sovereign's seat, when the
ðonne sweorda gelac sunu
son of king Healfdene was pleased
Healfdenes efnan wolde·
to take part in the play of edges;

The famous one's valor ne'er
naefre on ore laeg
failed at the front when slain ones
widcuþes wig ðonne walu feollon·
were bowing. To Beowulf granted
ond ða Beowulfe bega gehwaþres
the prince of the Ingwins, power over
eodor Ingwina onweald geteah
both, o'er war-steeds and wea:
wicga ond waepna· het hine
pons; bade him well to enjoy them.
wel brucan· swa manlice
In so manly a manner the mighty-
maere þeoden
famed chieftain,

hoard-ward of heroes, with horses
hordweard haeleþa heaþoraesas geald
and jewels war-storm requited, that
mearum ond maðmum swa hy naefre man lyhð
none e'er condemneth who willeth to
se þe secgan wile soð aefter rihte·
tell truth with full justice.

 the aetheling of
Ða gyt aeghwylcum
earlmen to each of
eorla drihten þara
the heroes who the ways of the

þe mið Beowulfe brimleade
WATERS WENT WITH BEOWULF, A COSTLY
teah on þære medubence maþðum
GIFT-TOKEN GAVE ON THE MEAD-BENCH,
zesealde yppelaþe ond þone
OFFERED AN HEIRLOOM, AND ORDERED
aenne heht
THAT THAT MAN

WITH GOLD SHOULD BE PAID FOR,
zolde forzyldan þone ðe
WHOM GRENDEL HAD FIRST WICKEDLY
Grendel aer mane acwealde swa
SLAUGHTERED, AS HE MORE OF THEM
he hyra ma wolde nefne him witiz
HAD DONE HAD FAR-SEEING GOD AND
zod wyrd forstode ond ðæs
THE MOOD OF THE HERO THE FATE NOT
mannes mod. Metod eallum
AVERTED: THE FATHER THEN GOVERNED
weold zumena cynnes, swa
ALL OF THE EARTH-DWELLERS, AS HE
he nu zit deð.
EVER IS DOING;

HENCE INSIGHT FOR ALL MEN IS EVERY:
forþan bið andzit aezhwaer selest
WHERE FITTEST, FORETHOUGHT OF SPIRIT
ferhðes foreþanc. fela sceal zebidan
MUCH HE SHALL SUFFER OF LIEF AND OF
leofes ond laþes se þe lonze her
LOATHSOME, WHO LONG TIME HERE,
on ðyssum windazum worolde bruceð.
THROUGH DAYS OF WARFARE THIS WORLD
þær wæs sanz ond swez
ENDURES. THERE WAS MUSIC AND
samod ætzædere
MERRIMENT MINGLING TOGETHER

TOUCHING HEALFDENE'S LEADER; THE
fore Healfdenes hildewisan,
JOY-WOOD WAS FINGERED, MEASURES

zomenwudu zreted, zid oft wrecen
RECITED, WHEN THE SINGER OF HROTHGAR
ðonne healzamen Hroþzares scop
ON MEAD BENCH SHOULD MENTION THE
æfter medobence maenan scolde:
MERRY HALL-JOYANCE OF THE KINSMEN OF
Finnes eaferum ða hie se fær
FINN, WHEN ONSET SURPRISED THEM:
bezeat hæleð Healfdena.
"THE HALF-DANISH HERO, HNÆF OF THE
Hnæf Scyldinza
SCYLDINGS,

On THE FIELD OF THE FRISIANS WAS
in Freswæle feallan scolde.
FATED TO PERISH. SURE HILDEBURG NEED
Ne huru Hildeburh herian
NOT PRAISE THE FAITH OF THE JUTEMEN:
þorfte eotena treowe. unsynnum
THOUGH BLAMELESS ENTIRELY, WHEN
wearþ beloren leofum æt þam
SHIELDS WERE SHIVERED SHE WAS
hildplezan bearnum ond broðrum.
SHORN OF HER DARLINGS, OF BAIRNS AND
hie on zebyrd hruron
BROTHERS: THEY BENT TO THEIR FATE

WITH WAR-SPEAR WOUNDED; WOE
zare wunde. þæt wæs zeomuru ides.
WAS THAT WOMAN. NOT CAUSELESS
Nalles holinza Hoces dohtor
LAMENTED THE DAUGHTER OF HOCE THE
meotodsceaft bemearn syþðan
DECREE OF THE WIELDER WHEN MORNING-
morzen com ða heo under swezle
LIGHT CAME AND SHE WAS ABLE 'NEATH
zeseon meahte morþorbealo maza
HEAVEN TO BEHOLD THE DESTRUCTION OF
þær he aer maeste heold
BROTHERS AND BAIRNS, WHERE THE
worolde wynne.
BRIGHTEST OF EARTH-JOYS

She had hitherto had: all the
wiz ealle fopnam
henchmen of Finn war had optaken,
Finnes þeznas nemne
save a handful remaining, that he
feaum anum þæt he ne mehte
nowise was able to offer resistance
on þaem meðelstede wiz
to the onset of Hengest in the parley
Henzeste wiht zefeohtan ne
of battle, nor the wretched remnant
þa wealafe wize fopþrinzan
to rescue in war from

The earl of the atheling; but they
þeodnes ðezne ac hiz him zeþinzo budon:
offered conditions, another great
þæt hie him oðer flet eal zepymdon
building to fully make ready, a hall
healle ond heahsetl þæt hie healfpe zeweald
and a high-seat, that half they may
wið eotena beapn azan moston
rule with the sons of the Jutemen,
ond æt feohzyftum Folcwaldan sunu
and that Folcwalda's son would
dozpa zehwylce Dene weopþode·
day after day the Danemen honor

Then gifts were giving, and grant of
Henzestes heap hpinzum wenede
his ring-store to Hengest's wartroop
epne swa swiðe sinczestpeonum
ever so freely, of his gold-plated
fættan zoldes swa he Fpesena cyn
jewels, as he encouraged the Frisians
on beopsele byldan wolde.
on the bench of the beer-hall. On
Ða hie zetpuwedon on twa healpa
both sides they swore then a fast-
fæste fpioðuwaepe· Fin Henzeste
binding compact; Finn to Hengest

With no thought of revoking vowed
elne unflitme aðum benemde
then most solemnly the woe-begone
þæt he þa wealafe weotena dome
remnant well to take charge of, his
apum heolde þæt ðaep aeniz mon
sage advising the agreement should
wopdum ne wopcum waepe ne
no one by words or works weaken
bpaece ne þuph inwitseapo aeppe
and shatter, by artifice ever injure
zemaenden
its value,

Though reaved of their ruler their
ðeah hie hipa beazzyfan banan
ring-giver's slayer they followed as
folzedon ðeodenlease, þa him swa
vassals, fate so requiring: then if
zebeapfod wæs. zyf þonne Fpysna
one of the Frisians should speak of
hwylc fpecnen sppaece ðæs
the quarrel in tones that were taunt:
mopþophetes myndziend waepe þonne
ring terrible edges should cut in re:
hit sweopdes ecz syððan scolde.
quital. Accomplished the oath was,

And treasure of gold from the
Að wæs zeæfned ond incze zold
hoard was uplifted. The best of the
ahæfen of hopde· Hepe Scyldinza
scylding braves was then fully
betst beadopinca wæs on bael zeapu·
prepared for the pile; at the pyre
æt þaem aðe wæs eþzesyne
was seen clearly the blood-gory
swatfah sypce swyn ealzylden
burnie, the boar with his gilding the
eofep ipenheapd æþelinz maniz
iron-hard swine, athelings many

Fatally wounded; no few had been
wundum awyrded· sume on
slaughtered. Hildeburg bade then, at
wæle crungon· het ða Hildebuph
the burning of Hnæf, the bairn of her
æt Hnæfes aðe hire selfne
bosom to bear to the fire, that his
sunu sweoloðe befæstan, banfatu
body be burned and borne to the
bærnan ond on bæl don eame
pyre. The woe-stricken woman wept
on eaxle· ides gnornode·
on his shoulder, in measures lamen-
geomrode giddum· guðrinc astah·
ted; upmounted the hero.

The greatest of dead-fires curled
wand to wolcnum wælfyra mæst
to the welkin, on the hill's-front
hlynode for hlawe· hafelan multon·
crackled; heads were a-melting,
bengeato burston ðonne
wound-doors bursting, while the
blod ætsprranc, laðbite lices·
blood was a-coursing from body-
lig ealle forswealg,gæsta
bite fierce. The fire devoured them,
gifrost, þara ðe þær
greediest of spirits, whom war had
guð fornam bega folces·
offcarried from both of the peoples;
wæs hira blæd scacen·
their bravest were fallen.

Then the warriors
Gewiton
departed to go
him ða wigend
to their dwellings,
wica neosian freondum befeallen,
reaved of their friends, Friesland to
Frysland geseon, hamas ond heaburh·

visit, their homes and high-city.
Hengest ða gyt
Hengist continued biding with Finn
wælfagne winter wunode mid Finn
the blood-tainted winter,

Wholly unsundered; of father-
eal unhlitme· eard gemunde
land thought he though unable to
þeah þe ne meahte on mere
drive the ring-stemmèd vessel o'er
drifan hringedstefnan: holm
the ways of the waters; the wave-
storme weol· won wið winde·
deeps were tossing, fought with the
winter yþe beleac
wind; winter in ice-bonds closed up
isgebinde oþ ðæt
the currents, all there came to the
oþer com
dwelling

A year in its course, as yet it
gear in geardas swa nu gyt deð·
revolveth, if season propitious one
þa ðe syngales sele bewitiað
alway regardeth, world-cheering
wuldortorhtan weder. Ða wæs
weathers. Then winter was gone,
winter scacen, fæger foldan bearm·
Earth's bosom was lovely; the exile
fundode wrecca gist of geardum·
would get him, the guest from the
he to gyrnwræce
palace; on gruesomest vengeance

he brooded more eager than on
swiðor þohte þonne to sælaðe·
oversea journeys, whe'r onset-of-
gif he torngemot þurhteon mihte
anger he were able to 'complish, the
þæt he eotena bearn inne gemunde·
bairns of the jutemen therein to

Remember. Howise refused he the
swa he ne forwyrnde woroldrædenne
duties of liegeman when him of the
þonne him Hunlafing, hildeleoman
Frisians the battle-sword Laying,

Fairest of falchions, friendly did
billa selest on bearm dyde·
give him: its edges were famous in
þæs wæpon mid eotenum ecge
folk-talk of Jutland. And savage
cuðe. Swylce ferhðfrecan Fin eft
sword-fury seized in its clutches
begeat sweordbealo sliðen æt his
bold-mooded Finn where he bode in
selfes ham siþðan grimne
his palace, when the gruesome
gripe Guðlaf ond Oslaf
grapple Guthlaf and Oslaf
had mournfully mentioned, the
æfter sæsiðe sorge mændon·
mere-journey over, for sorrow half-
ætwiton weana dael.
blamed him; the fluckering spirit
ne meahte waefre mod
could not bide in his bosom. Then
forhabban in hreþre· ða wæs
the building was covered with the
heal hroden feonda feorum·
corpses of foemen, and Finn too was
swilce Fin slægen cyning on
slaughtered, the king with his troop,
corþre ond seo cwen numen·
and the queen made a prisoner.

The troops of the scyldings bore
sceotend Scyldinga to scypon
to their vessels all that the land-
feredon eal ingesteald
king had in his palace, such trinkets
eorðcyninges· swylce hie æt
and treasures they took as, on

Finnes ham findan meahton sigla
searching, at Finn's they could find.
searozimma· hie on saelade
They ferried to Daneland the
drihtlice wif to Denum feredon·
excellent woman on oversea journey,
Led her to their land-folk." The
læddon to leodum. Leoð wæs
lay was concluded, the gleeman's
asungen gleomannes gyd· gamen
recital. shouts again rose then,
eft astah· beorhtode bencsweg·
bench-glee resounded, bearers then
byrelas sealdon win of wunderfatum.
offered wine from wonder-vats.
Þa cwom Wealhþeo forð
Wealhtheo advanced then going
gan under gyldnum beage
'neath gold-crown, where the good
þær þa godan twegen
ones were seated

Uncle and nephew; their peace
sæton suhtergefæderan þa gyt
was yet mutual, true each to the
wæs hiera sib ætgædere, æghwylc
other. And Unferth the spokesman
oðrum trywe· swylce þær Hunferþ þyle
sat at the feet of the lord of the
forum sæt frean Scyldinga· gehwylc
scyldings: each trusted his spirit
hiora his ferhþe treowde þæt he hæfde
that his mood was courageous
mod micel þeah þe he his magum næfe
though at fight he had failed in
arfæst æt ecga gelacum·
faith to his kinsmen.

Said the queen of the scyldings:
spræc ða ides Scyldinga:
"My lord and protector, treasure-
'Onfoh þissum fulle, freodrihten min,

bestower, take thou this beaker;
  sinces brytta· þu on saelum wes,
joyance attend thee, gold-friend of
  goldwine gumena, ond to Geatum spræc
heroes, and greet thou the Geatmen
  mildum wordum swa sceal man doön·
with gracious responses! so ought
  beó wið Geatas glæd,
one to do. be kind to the Geatmen,

By gifts not niggardly; anear and
  geofena gemyndig· nean
afar now peace thou enjoyest·.
  ond feorran þu nu hafast·
Report hath informed me thou 'lt
  me man sægde þæt þu
have for a bairn the battle-brave
  ðe for sunu wolde herenic habban·
hero. How is heorot cleansèd, ring-
  heorot is gefælsod beahsele beorhta·
palace gleaming; give while thou
  bruc þenden þu mote
mayest many rewards,
and bequeath to thy kinsmen
  manigra medo ond þinum magum laef
kingdom and people, on wending thy
  folc ond rice þonne ðu forð scyle
way to what is fated. I know good
  metodsceaft seön· ic minne can
brothulf, that the noble young
  glædne Hroþulf· þæt he þa geogoðe wile
troopers he'll care for and honor,
  arum healdan gyf þu aer þonne he,
lord of the scyldings, if earth-joys
  wine Scildinga, worold oflaetest
thou endest earlier than he doth;

Reckon I that recompense he'll
  wene ic þæt he mid gode gyldan
render with kindness our offspring

  wille uncran eaferan gif he
and issue, if that all he remember,
  þæt eal gemon· hwæt wit
what favors of yore, when he yet
  to willan ond to wordmyndum
was an infant, we awarded to him
  umborwesendum aer arna gefremedon·'
for his worship and pleasure."
  hwearf þa bi bence þaer
Then she turned by the bench where
  hyre byre wæron
her sons were carousing,
brethric and brothmund, and the
  Hreðric ond Hroðmund ond
heroes' offspring the war-youth
  hæleþa bearn giogoð æt gædere·
together; there the good one was
  þaer se goda sæt Beowulf Geata be
sitting 'twixt the brothers twain,
  þaem gebroðrum twaem.
Beowulf Geatman.

A beaker was borne him,
  Him wæs ful boren
and bidding to quaff it
  ond freondlaþu wordum
graciously given, and gold that was
  bewægned ond wundengold
twisted pleasantly proffered, a
  estum geeawed: earmreade twa
pair of arm-jewels, rings & corslet,
  hrægl ond hringas, healsbeaga maest
of collars the greatest
I've heard of 'neath heaven. Of
  þara þe ic on foldan gefrægen
heroes not any more splendid
  hæbbe· naenigne ic under swegle
from jewels have I heard 'neath the
  selran hyrde hordmaðmum hæleþa
welkin, since hama off-bore the
  syððan hama ætwæg to herebyrhtan
brosingmen's necklace, the
  byrig Brosinga mene sigle

bracteates and jewels, from the
ond sincfæt· seanonðas fealh
bright-shining city, Eormenric's
Eormenrices· geceas ecne ræd·
cunning craftiness fled from,
Whose gain everlasting, Geatish
þone hring hæfde Higelac Geata
Higelac, grandson of Swerting, last
nefa Swertinges nyhstan siðe
had this jewel when tramping 'neath
siðþan he under segne sinc ealgode·
banner the treasure he guarded, the
wælreaf werede· hyne
field-spoil defended; fate off-
wyrd fornam syþðan he
carried him when for deeds of
for wlenco wean ahsode
daring he endured tribulation,

hate from the Frisians; the orna-
fæhðe to Frysum· he þa
ments bore he o'er the cup of the
frætwe wæg eorclanstanas
currents, costly gem-treasures, folk-
ofer yða ful rice þeoden·
leader mighty, he fell 'neath his
he under rande gecranc· Gehwearf þa
target; the corpse of the king then
in Francna fæþm feorh cyninges
came into charge of the men of the
breostgewaedu ond se beah somod·
Franks, the mail-shirt and collar:

Warmen less noble plundered the
wyrsan wigfrecan wæl
fallen, when the fight was finished;
reafeden æfter guðsceare·
the folk of the Geatmen the field of
Geata leode hreawic heoldon·
the dead held in possession. The
heal swege onfeng·
choicest of meado-halls with cheering

Wealhðeo maþelode·
resounded. Wealhtheow discoursed,
heo fore þæm werede spræc:
the war-troop addressed she:

This collar enjoy thou, Beowulf
'Bruc ðisses beages, Beowulf leofa
worthy, young man, in safety, and
hyse, mid haele ond þisses hrægles neot
use thou this armor, gems of the
þeod gestreona ond geþeoh tela·
people, and prosper thou fully,
cen þec mid cræfte ond þyssum
show thyself sturdy and be to these
cnyhtum wes lara liðe·
liegemen mild with instruction! I'll
ic þe þæs lean geman·
mind thy requital.
Thou hast brought it to pass that
hafast þu gefered þæt ðe feor ond neah
far and near forever auto ever
ealne wideferhþ weras ehtigað
earthmen shall honor thee, even so
efne swa side swa sae bebugeð,
widely as ocean surroundeth the
windgeard, weallas· wes þenden
blustering bluffs. Be, while thou live,
þu lifige, æþeling, eadig·
a wealth-blessèd atheling. I wish
ic þe an tela
thee most truly
Gems and treasure. Be kind to my
sincgestreona· beo þu suna minum
son, thou living in joyance! Here each
daedum gedefe, dreamhealdende·
of the nobles is true unto other,
her is aeghwylc eorl oþrum getrywe
gentle in spirit, loyal to leader. The
modes milde mandrihtne hleo·
liegemen are peaceful, the war-
þegnas syndon geþwaere þeod ealgearo

troops ready: well-drunken heroes,
druncne dryhtguman doð swa ic bidde.'
Do as I bid ye." Then she went to
Eode þa to setle. þaer waes
the settle. There was choicest of
symbla cyst. druncon win weras.
banquets, wine drank the heroes:
wyrd ne cuþon geosceaft grimme
Wyrd they knew not, destiny cruel,
swa hit agangen wearð eorla
as to many an earlman early it
manegum syþðan aefen cwom
happened, when evening had come
ond him Hroþgar gewat to
and Hrothgar had parted

Off to his manor, the mighty to
hofe sinum rice to raeste
slumber. Warriors unnumbered
reced weardode unrim eorla
warded the building as erst they did
swa hie oft aer dydon
often: the ale-settle bared they,
bencþelu beredon. hit geondbraeded wearð
'Twas covered all over with beds
beddum ond bolstrum. beorscealca sum
and pillows. Doomed unto death,
fus ond faege
down to his slumber

Bowed then a beer-thane. Their
fletraeste gebeag. setton
battle-shields placed they, bright-
him to heafdon hilderandas
shining targets, up by their heads
bordwudu beorhtan. þaer on
then; o'er the atheling on ale-bench
bence waes ofer aeþelinge
'twas easy to see there battle-high
yþgesene heaþosteapa helm
helmet, burnie of ring-mail, and
hringed byrne þrecwudu þrymlic.

mighty war-spear. 'Twas the wont
waes þeaw hyra
of that people
To constantly keep them equipped
þaet hie oft waeron an wig gearwe
for the battle, at home or marching
ge aet ham ge on herge ge gehwaeþer—
in either condition— at seasons just
þara efne swylce maela swylce hira
such as necessity ordered as best
mandryhtne þearf gesaelde. waes seo
for their ruler; that people was
þeod tilu.
worthy.

They then to
Sigon þa
slumber.
to slaepe.
With sorrow one paid
sum sare angeald
for his evening repose as often befell
aefenraeste swa him ful oft gelamp
them while Grendel was holding the
siþðan goldsele Grendel warode.
gold-bedecked palace, ill-deeds
unriht aefnde oþ þaet ende becwom,
performing, all his end overtook him,

Death for his sins. 'Twas seen
swylt aefter synnum. þaet
very clearly, known unto earth-folk,
gesyne wearþ widcuþ werum
that still an avenger outlived the
þaette wrecend þa gyt lifde aefter
loathed one, long since the sorrow
laþum lange þrage aefter guðceare
caused by the struggle; the mother of
Grendles modor ides aglaecwif
Grendel, devil-shaped woman, her

ynmþe gemunde
woe ever minded,
Who was held to inhabit the
se þe wæteregesan
horrible waters, the cold-flowing
wunian scolde cealde streamas
currents, after Cain had become a
siþðan camp him weapð to ecgbanan
slayer-with-edges to his one only
angan breþer fæderenmaege.
brother, the son of his sire; he set
he þa fag gewat morþre
out then banished, marked as a
gemearcod mandream fleon.
murderer, man-joys avoiding,
Lived in the desert. Thence demons
westen warode. þanon woc fela
unnumbered fate-sent awoke; one of
geosceaftgasta. wæs þæra
them Grendel, sword-cursèd and
Grendel sum, heoroweard hetelic.
hateful, who at Heorot met with a
se æt Heorote fand wæccendne
man that was watching, waiting the
wer wiges bidan. þær him
struggle, where a horrid one held
aglaeca ætgraepe weapð.
him with hand-grapple sturdy;

Nathless he minded the might of
hwæþre he gemunde mægenes strenge
his body, the glorious gift God had
gimfæste gife ðe him god sealde
allowed him, and folk-ruling
ond him to anwaldan are gelyfde
Father's favor relied on, his help
frofre ond fultum. ðy he þone
and his comfort: so he conquered
feond ofercwom. gehnægde
the foeman, the hell-spirit humbled:
helle gast. þa he hean gewat

he unhappy departed then,
Reaved of his joyance, journeying to
dreame bedaeled deaþwic seon,
death-haunts, foe of mankind. His
mancynnes feond. Ond his
mother moreover greedy and gloomy
modor þa gyt gifre ond galgmod
was anxious to go on her mournful
gegan wolde sorhfulne sið,
mission, mindful of vengeance for the
sunu deoð wrecan.
death of her son. She came then to
com þa to Heorote
Heorot
There the Armor-Dane earlmen all
ðær Hring-Dene geond þæt
through the building were lying in
sæld swaefun. þa ðær sona weapð
slumber. Soon there became then
edhwyrft eorlum siþðan inne fealh
return to the nobles, when Grendel's
Grendles modor. wæs se
mother entered the folk-hall; the
gryre laessa efne swa
fear was less grievous by even so
micle swa bið mægþa cræft
much as the vigor of maidens,

War-strength of women, by arm-
wiggryre wifes bewaepned men
man is reckoned, when well-carved
þonne heoru bunden hamere
weapon, worked with the hammer,
geþuren sweord swate fah
blade very bloody, brave with its
swin ofer helme ecgum
edges, strikes down the boar-crest
dyhttig andweard scireð.
from helmet. Then the hard-edged
þa wæs on healle heardecg togen
weapon was heaved in the building,

The brand o'er benches, broad-
sweopð open seclum, siðþan maniʒ
widens many hand-fast were lifted;
hafen handa fæst· helm ne
for helmet he recked not, for armor-
ʒemunde byrnan siðe þa hine se
net broad, whom terror laid hold
broʒa anʒeat· heo wæs on ofste·
of she went then hastily, outward
wolde ut þanon, feore beorʒan
would get her her life for to save,
þa heo onfunden wæs·
when someone did spy her;

Soon she had grappled one of the
hraðe heo æþelinʒa anne hæfde
athelings fast and firmly, when
fæste befanʒen· þa heo to
fenward she hied her; that one to
fenne ʒanʒ· se wæs Hroþʒare
brother was liefest of heroes in
hæleþa leofost on ʒesiðes had be
rank of retainer where waters
saem tweonum þice þandwiʒa þone ðe
encircle, a mighty shield-warrior,
heo on ræste abreat
whom she murdered at slumber,

A broadly-famed battle-knight.
blaedfæstne beorn —næs
Beowulf was absent, but another
Beowulf ðaer ac wæs oþer
apartment was erstwhile devoted to
in ær ʒeteohhod æfter maðþumʒife
the glory-decked Geatman when gold
mærum Geate— hreám
was distributed. There was outcry
weard in Heorote· heo
in Heorot. The well-famed hand
under heolfre ʒenam cuþe folme·
she grasped in its gore; grief was
cearu wæs ʒeniwod
renewed then

In homes and houses: 'twas no glad
ʒewordon in wicun· ne wæs
arrangement in both quarters to
þæt ʒewrixle til þæt hie
barter and purchase with lives of
on ba healfa biczan scoldon
their friends. Then the well-aged
freonda feorum· þa wæs frod
ruler, gray-headed war-thane, was
cyninʒ har hilderinc on hreonmode
woeful in spirit, when his long-
syðþan he aldorþeʒn unlyfiʒendne
trusted liegeman lifeless he knew of,

his dearest one gone. Quick from a
þone deopestan deadne wisse.
room was Beowulf brought, brave
hraþe wæs to bure Beowulf
and triumphant. As day was
fetod siʒoreadiʒ secʒ· samod
dawning in the dusk of the morning,
ærdæʒe eode eorla sum æþele
went then that earlman, champion
cempa self mid ʒesiðum þær
noble, came with comrades, where
se snotera bad
the clever one bode

Whether God all gracious would
hwæþre him Alfwalda æfre
grant him a respite after the woe he
wille æfter weaspelle wyrpe
had suffered. The war-worthy
ʒefremman· ʒanʒ ða æfter
hero with a troop of retainers trod
flore fyrdwyrðe man mid
then the pavement (the hall-building
his handscale —healwudu dynede—
groaned) all he greeted the wise one,
þæt he þone wisan wordum hnæʒde
the earl of the Ingwins; asked if the

fnean Ingwina· fpægn gif him waefpe
night had fully refreshed him, as
æfter neodladu niht getaese.
fain he would have it.

HROðHGAR

hnoðgap
rejoiced, helm of
maþelode helm
the scyldings:
Scyldinga:
"Ask not of joyance! grief is renewed
'Ne fpin þu æfter saelum· soph is geniwod
to the folk of the Danemen. dead is
Deniga leodum· dead is Æschepe
Œschere, Yrmenlaf's elder brother,
Yrmenlafes yldpa bpoþop
My true-hearted counsellor, trusty
min þunwita ond min paedbopa
adviser, shoulder-companion, when
eaxlgestealla donne we on
fighting in battle our heads we prot·
onlege hafelan wepedon
ected, when troopers were dashing,
þonne hniton feþan eopepas cnysedan·
and heroes were dashing; such an
swylc eopl scolde wesan aefizod
earl should be ever, an erst-worthy
swylc Æschepe wæs.
atheling, as Œschere proved him.

The flickering death-spirit became
Weapð him on heopote to handbanan
in heorot his hand-to-hand slayer;
wælgaest waefpe· ic ne wat hwæþep
I cannot tell whither the cruel one
atol aese wlanc eftsidas teah
turned in the carcass exulting, by
fylle gefpaegnod· heo þa faehde
cramming discovered. The quarrel
wpæc þe þu gystpan niht

she wreaked then, that last night
gpendel cwealdest
gone grendel thou killedst
In gruesomest manner, with grim-
þuph haestne had heapdum
holding clutches, since too long he
clammum fopþan he to lange leode
had lessened my liege-troop and
mine wanode ond wypde he æt
wasted my folk-men so foully. he
wige gecpang ealdpes scyldig
fell in the battle with forfeit of life,
ond nu oþep cwom mihtig manscada·
and another has followed, a mighty
wolde hype maeg wpecan·
crime-worker, her kinsman avenging,

and henceforth hath 'stablished
ge feop hafað faehðe getaeled
her hatred unyielding, as it well
þæs þe þincean mæg þegne monegum
may appear to many a liegeman,
se þe æftep sincegyfan on sefan
who mourneth in spirit the giver of
gpeoteþ· hpeþepbealo heapde·
treasure, heavy heart-sorrow! The
nu seo hand ligeð se þe
hand is now lifeless which availed
eow welhwylcpa wilna dohte.
you in every wish you cherished.

Land-people heard I, liegemen, this
Ic þæt londbuend leode mine
saying, dwellers in halls, they had
selepaedende secgan hypde
seen very often a pair of such mighty
þæt hie gesawon swylce
march-stalking creatures, distant-
twegen micle mearcstapan mopas healdan,
dwelling spirits, holding the moor:

ellorgæstas· dægna oðer wæs þæs þe hie
lands: one of them wore, as well
gewislicost gewitan meahton
they might notice,
The image of woman, the other one
idese onlicnæs· oðer earmsceapen
wretched in guise of a man wandered
on weres wæstmum wræclastas træd
in exile, except he was huger than
næfne he wæs mara þonne ænig man oðer·
any of earthmen; earth-dwelling
þone on geardagum Grendel nemdon
people entitled him Grendel in days
foldbuende· no hie fæder cunnon·
of yore: they know not their father,

Whe'r ill-going spirits any were
hwæþer him ænig wæs ær acenned
borne him ever before. They guard
dyrnra gasta. hie dygel lond
the wolf-coverts, lands inaccessible,
warigeað wulfhleoþu windige
wind-beaten nesses, most fearful
næssas frecne fengelad ðær
fen-deeps, where a flood from the
fyrgenstream under næssa genipu
mountains 'neath mists of the nesses
niþer gewiteð
netherward rattles,

The stream under earth: not far is
flod under foldan· nis þæt feor heonon
it henceward measured in mile-mark
milgemearces þæt se mere standeð·
that the mere-water standeth, over
ofer þæm hongiað hrimge bearwas·
which trees hang, with frost-whitening
wudu wyrtum fæst
covered, a firm-rooted forest, the
wæter oferhelmað· þær mæg
floods overshadow. There ever at
nihta gehwæm niðwundor seon

night one an ill-meaning portent

A fire-flood may see; among the
fyr on flode· no þæs frod leofað
children of men none liveth so wise
gumena bearna þæt þone grund wite·
that wot of the bottom; though
Ðeah þe hæðstapa hundum
harassed by hounds the heath-
geswenced heorot hornum trum
stepper seek for,. fly to the forest,
holtwudu sece feorran geflymed·
firm-antlered he-deer, spurred from
aer he feorh seleð
afar, his spirit he yieldeth,
his life on the shore, ere in he will
aldor on ofre aer he in wille
venture to cover his head. Uncanny
hafelan helan· nis þæt
the place is: thence upward rises
heoru stow· þonon yðgeblond
the surging of waters, wan to the
up astigeð won to wolcnum þonne
welkin, when the wind is stirring the
wind styreþ lað gewidru oð
weathers unpleasing, all the air
þæt lyft drysmaþ·
groweth gloomy,
and the heavens lower. How is
þoderas reotað. Nu is se ræd gelang
help to be gotten from thee and thee
eft æt þe anum· eard git ne
only! The abode thou know'st not,
const frecne stowe ðær þu
the dangerous place where thou 'rt
findan miht felasinnigne secg·
able to meet with the sin-laden
sec gif þu dyrre·
hero: seek if thou darest for the
ic þe þa fæhðe feo leanige
feud I will fully fee thee with money,

With old-time treasure, as erst·
ealdgestreonum swa ic aer dyde,
while I did thee, with well-twisted
wundungolde gyf þu on weg cymest.'
jewels, if away thou shalt get thee."

Beowulf

answered,
Beowulf maþelode
Ecgtheow's son: "grieve
bearn Ecgþeowes: 'Ne sorga,
not, O wise one! for each
snotor guma· selre bið
it is better, his friend to
aeghwaem þæt he his freond wrece þonne
avenge than with vehemence wail
he fela murne· ure aeghwylc
him; each of us must the end-day
sceal ende gebidan
abide of

his earthly existence; who is able
worolde lifes: wyrce se þe mote
accomplish glory ere death! To
domes aer deaþe· þæt bið drihtguman,
battle-thane noble lifeless lying, 'tis
unlifgendum æfter selest.
at last most fitting. Arise, O king,
Aris, rices weard, uton hraþe feran
quick let us hasten to look at the
Grendles magan gang sceawigan·
footprint of the kinsman of Grendel!

I promise thee this: to his place he'll
ic hit þe gehate: no he on helm
he'll escape not, to embrace of the
losaþ ne on foldan fæþm ne
earth, nor to mountainous forest,
on fyrgenholt ne on gyfenes grund·
nor in depths of ocean, wherever he
ga þær he wille· ðys dogor þu

wanders. practice thou now patient
geþyld hafa weana gehwylces
endurance of each of thy sorrows,
swa ic þe wene to.'
hope as I for thee soothly!"

Then up sprang the old one, the
Ahleop ða se gomela,
All-Wielder thanked he, ruler Al·
gode þancode mihtigan
mighty, that the man had outspoken.
drihtne þæs se man gespræc·
Then for Hrothgar a war-horse
þa wæs Hroðgare hors
was decked with a bridle, curly-
gebaeted wicg wundenfeax·
maned courser. The clever folk-
wisa fengel geatolic gende·
leader stately proceeded: stepped
gumfeþa stop
then an earl-troop

Of linden-wood bearers. her
lindhæbbendra· lastas waeron
footprints were seen then widely in
æfter waldswaþum wide gesyne,
wood-paths, her way o'er the
gang ofer grundas gegnum for
bottoms, where she faraway fared
ofer myrcan mor magoþegna bær
o'er fen-country murky, bore away
þone selestan sawolleasne
breathless the best of retainers
þara þe mid Hroðgare
who pondered with Hrothgar the
ham eahtode.
welfare of country.

The son of the athelings then went
Ofereode þa æþelinga bearn
o'er the stony, declivitous cliffs, the
steap stanhliðo stige nearwe
close-covered passes, narrow paths
enge anpaðas uncuð gelad

and passages unfrequented, nesses
  neowle næssas nicophusa fela·
abrupt, nicker-haunts many; one of
  he feana sum beforan genge
a few of wise-mooed heroes,
he onward advanced to view the
  wisra monna wong sceawian
surroundings, all he found unawares
  op pæt he færinga fyrgenbeamas
woods of the mountain o'er hoar-
  ofer harne stan hleonian funde
stones hanging, holt-wood unjoyful;
  wynleasne wudu· wæter under
the water stood under, welling and
  stod dreorig ond gedrefed·
gory. 'Twas irksome in spirit to all
  Denum eallum wæs
of the Danemen,
friends of the scyldings, to many
  winum Scyldinga wærce on mode
a liegeman sad to be suffered, a
  to gepolianne, degne monegum
sorrow unlittle to each of the earl-
  oncyð eorla gehwæm
men, when to Æschere's head they
  syðpan Æschepes on pam holmclife
came on the cliff. The current was
  hatelan métton. Flod blode weol
seething with blood and with gore
  —*folc to sæzon*—
(the troopers gazed on it).
The horn anon sang the battle-
  hatan heolfre· horn stundum song
song ready. The troop were all
  fuslic forðleoð· fepa eal gesæt·
seated; they saw 'long the water
  gesawon ða æfter wætere wyrmcynnes fela
then many a serpent, mere-dragons
  sellice sædracan sund cunnian,
wonorous trying the waters, nickers
  swylce on næshleoðum nicras licgean

a-lying on the cliffs of the nesses,
  ða on undernmæl oft bewitigað
which at noontday full often
to on the sail-road their grief-full
  sorhfulne sið on seglrade,
journey, wild-beasts and wormkind;
  wyrmas ond wildeor· hie on weg
away then they hastened hateful,
  hruron bitere ond gebolgne·
hot-mooed, they heard the great
  bearhtm ongeaton gudhorn
clamor, the war-trumpet winding.
  galan· sumne Geata leod
One did the Geat-prince sunder from
  of flanbogan feores getwæfde
earth-joys, with arrow and bow,

from his sea-struggle tore him,
  ydgewinnes pæt him on aldre
that the trusty war-missile pierced
  stod herestræl heardan·
to his vitals; he proved in the
  he on holme wæs
currents less doughty at swimming
  sundes pe sænra ðe
whom death had off-carried. soon
  hyne swylt fornam· hrape
in the waters the wonderful
  weard on ydum mid eoferspreotum
swimmer was straitened most sorely
  heorohocyhtum hearde genearwod,
with sword-pointed boar-spears,

Pressed in the battle and pulled
  nida genæged ond on næs
to the cliff-edge; the liegemen then
  togen wundorlic wægbora·
looked on the loath-fashioned
  weras sceawedon gryrelicne gist·
stranger. Beowulf donned then his
  Gyrede hine Beowulf eorlgewaedum·

battle-equipments, cared little for
nalles for ealdre mearn·
life; inlaid and most ample, the
scolde herebyrne hondum
hand-woven corslet which could
gebroden
cover his body,

(M)ust the wave-deeps explore,
sid ond searofah sund cunnian
that war might be powerless to
seo ðe bancofan beorgan cuþe
harm the great hero, and the having
þæt him hildegrap hreþre ne mihte
one's grasp might not peril his
eorres inwitfeng aldre gesceþðan
safety; his head was protected by
ac se hwita helm hafelan werede
the light-flashing helmet that should
se þe meregrundas mengan scolde,
mix with the bottoms, trying the
secan sundgebland since geweorðad
eddies, treasure-emblazoned,

Encircled with jewels, as in days
befongen freawrasnum swa hine
long past the weapon-smith worked
fyrndagum worhte waepna smið wundrum
it, wondrously made it, with swine-
teode· besette swinlicum þæt hine
bodies fashioned it, that thenceforth·
syðþan no brond ne beadomecas bitan
ward no longer brand might bite it,
ne meahton. Næs þæt
and battle-sword hurt it. And that
þonne maetost mægenfultuma
was not least of helpers in prowess

That Hrothgar's spokesman had
þæt him on ðearfe lah ðyle Hroðgares
lent him when straitened; and the
—wæs þaem hæftmece Hrunting
hilted hand-sword was Hrunting

nama— þæt wæs an foran
entitled, old & most excellent 'mong
ealdgestreona· ecg wæs iren
all of the treasures; edge was iron,
atertanum fah ahyrded heaþoswate·
blotted with poison, hardened with
naefre hit æt hilde ne swac
gore; it failed not in battle

any hero under heaven in hand
manna aengum þara þe hit mid
who it brandished, who ventured to
mundum bewand se ðe gryresiðas
take the terrible journeys, the
gegan dorste folcstede fara·
battle-field sought; not the earliest
næs þæt forma sið þæt hit
occasion that deeds of daring 'twas
ellenweorc æfnan scolde. huru ne
destined to 'complish. Ecglaf's
gemunde mago Ecglafes
kinsman minded not soothly,

Exulting in strength, what erst he
earfoþes craeftig þæt he aer
had spoken drunken with wine, when
gespraec wine druncen þa he
the weapon he lent to a sword-hero
þæs waepnes onlah selran
bolder; himself did not venture
sweordfrecan selfa ne dorste under
'neath the strife of the currents his
yða gewin aldre geneþan,
life to endanger, to fame-deeds
drihtscype dreogan· þaer he
perform; there he forfeited glory,
dome forleas ellenmaerdum· ne wæs
repute for his strength. Not so with
þaem oðrum swa syðþan he
the other when he did in his corslet
hine to guðe gegyred hæfde.
had equipped him for battle.

BEOWULF

spake, Ecgtheow's

Beowulf maþelode

son: "Recall now, oh,

bearn Ecgþeowes: 'Geþenc nu,

famous kinsman of Healfdene,

se maera maga Healfdenes snottra

prince very prudent, now am I ready

fengel· nu ic eom siðes fus· goldwine

to part, gold-friend of earlmen,

gumena, hwæt wit geo spræcon:

what erst we agreed on,

should I lay down my life in lending

gif ic æt þearfe þinre scolde

thee assistance, when my earth-joys

aldre linnan· þæt ðu me a wære

were over, thou wouldst evermore

forðgewitenum on fæder stæle·

serve me in stead of a father; my

wes þu mundbora minum magoþegnum

faithful thanemen, trusted retainers,

hondgesellum gif mec hild nime swylce

protect thou and care for, fall I in

þu ða maðmas, þe þu me sealdest,

battle: and, Hrothgar belovèd,

send unto Hygelac the high-valued

Hroðgar leofa, Higelace onsend·

jewels thou to me hast allotted. The

mæg þonne on þæm golde ongitan

lord of the Geatmen may perceive

Geata dryhten, geseon sunu

from the gold, the Hrethling may see

Hræðles þonne he on þæt sinc starað

it when he looks on the jewels, that

þæt ic gumcystum godne funde

a gem-giver found I good over-

beaga bryttan breac þonne moste.

measure, enjoyed him while able.

And the ancient heirloom Unferth

Ond þu Hunferð læt ealde lafe

permit thou, the famed one to have,

wrætlic wægsweord widcuðne

the heavy-sword splendid the hard

man heardecg habban· ic me

edgèd weapon; with Hrunting to do

mid Hruntinge dom gewyrce

me, I shall gain me glory, or grim-

oþðe mec deað nimeð.' Æfter þæm

death shall take me." The atheling

wordum Weder-Geata leod

of Geatmen uttered these words and

heroic did hasten, not any rejoinder

efste mid elne· nalas andsware

was willing to wait for; the wave-

bidan wolde· brimwylm onfeng

current swallowed the doughty-in-

hildefince. Ða wæs hwil dæges,

battle. Then a day's-length elapsed

ær he þone grundwong ongytan mehte

ere he was able to see the sea at

sona þæt onfunde se ðe floda begong

its bottom. Early she found then

heorogifre beheold hund missera

who fifty of winters

grim ond grædig þæt

the course of the currents kept in

her fury, grisly and greedy, that the

þær gumena sum ælwihta

grim one's dominion some one of men

eard ufan cunnode·

from above was exploring. Forth did

grap þa togeanes· guðrinc gefeng

she grab them, grappled the warrior

atolan clommum· no þy

with horrible clutches; yet no sooner

ær in gescod

she injured

His body unscathed: the burnie out-
halan lice· hring utan ymbbearh
guarded, that she proved but power-
þæt heo þone fyrdhom ðurhfon
less to pierce through the armor, the
ne mihte locene leoðosyrcan
limb-mail locked, with loath-
laþan fingrum. Bær þa seo
grabbing fingers. The sea-wolf bare
brimwylf þa heo to botme com
then, when bottomward came she,
hringa þengel to hofe sinum
the ring-prince homeward, that he
swa he ne mihte
after was powerless

to deal with his weapons (he had
—no he þæs modig wæs— waepna
daring to do it), but many a mere-
gewealdan ac hine wundra þæs fela
beast tormented him swimming, no
swencte on sunde· saedeor monig
few flood-beast with pierce-brang
hildetuxum heresyrcan bræc·
tusks did break through his burnie,
ehton aglaecan. Ða se
the brave one pursued they. The
eorl ongeat þæt he niðsele
earl then discovered he was down in
nathwylcum wæs
some cavern

There no water whatever anywise
þær him naenig wæter wihte
harmed him, and the clutch of the
ne sceþede ne him for hrofsele
current could come not near him,
hrinan ne mehte faergripe
since the roofed-hall prevented;
flodes· fyrleoht geseah,
brightness gleaming fire-light he saw,
blacne leoman beorhte scinan·
flashing resplendent. The good one
ongeat þa se goda grundwyrgenne

saw then the sea-bottom's monster,

the mighty mere-woman; he made
merewif mihtig· mægenraes forgeaf
a great onset with battle-weapon,
hildebille· hondswenge ne ofteah
his hand not desisted from striking,
þæt hire on hafelan hringmael agol
that war-blade struck on her head
graedig guðleoð· ða se gist onfand
then a war-song greedy. The stran-
þæt se beadoleoma bitan nolde,
ger perceived then the sword would
aldre sceþðan ac seo
not bite, her life would not injure,

but the falchion failed the folk-
ecg geswac ðeodne æt þearfe·
prince when straitened: erst had it
ðolode aer fela hondgemota·
often onsets encountered, oft cloven
helm oft gescær faeges fyrdhrægl·
the helmet, the fated one's armor:
ða wæs forma sið
'Twas the first time that ever the
deorum madme þæt his dom alæg.
excellent jewel had failed of its
Eft wæs anræd,
fame. Firm-mooded after,

Not heedless of valor, but mindful
nalas elnes læt mærða
of glory, was Higelac's kinsman; the
gemyndig mæg Hylaces weapp
hero-chief angry cast then the
ða wundenmael wraettum gebunden
carved-sword covered with jewels
yrre oretta þæt hit on eorðan læg
that it lay on the earth, hard and
stið ond stylecg· strenge getruwode,
steel-pointed; he hoped in his

mundgripe mægenes· swa sceal man don
strength, his hand-grapple sturdy.

So any must act whenever he
þonne he æt guðe gegan
thinketh to gain him in battle glory
þenceð longsumne lof· na ymb
unending, and is reckless of living.
his lif ceapað· Gefeng þa
The lord of the war-Geats (he
be eaxle --nalas for
shrank not from battle) seized by
faehðe mearn-- Guð-Geata
the shoulder the mother of Grendel;
leod, Grendles modor·
then mighty in struggle

Swung he his enemy, since his anger
brægd þa beadwe heard þa he
was kindled, that she fell to the
gebolgen wæs feorhgeniðlan þæt heo on
floor. With furious grapple she gave
flet gebeah· heo him eft hraþe
him requital early thereafter, and
handlean forgeald grimman grapum ond
stretched out to grab him; the
him togeanes feng· oferwearp þa
strongest of warriors faint-mooded
werigmod wigena strengest
stumbled, all he fell in his traces,
feþecempa þæt he on fylle weard·
foot-going champion. Then she sat
on the hall-guest and unfobed her
ofsæt þa þone selegyst ond hyre
war-knife wide-bladed, flashing,
seax geteah brad ond brunecg·
for her son would take vengeance,
wolde hire bearn wrecan angan eaferan·
her only bairn. His breast-armor
him on eaxle læg breostnet broden;
woven bode on his shoulder; it guar-
þæt gebearh feore
ded his life, the entrance defended

against sword-point and edges.
wið ord ond wið ecge ingang forstod·
Ecgtheow's son there had fatally
hæfde ða forsiðod sunu
journeyed, champion of Geatmen, in
Ecgþeowes under gynne grund
the arms of the ocean, had the
Geata cempa nemne him
armor not given, close-woven corslet,
heaðobyrne helpe gefremede
comfort and succor, and had God
herenet hearde-- ond halig
most holy not awarded the victory,
god geweold wigsigor·
all-knowing lord; easily did
witig drihten wyldena
heaven's ruler most righteous
paedend hit on ryht gesced
arrange it with justice; uprose he
yðelice syþðan he eft astod·
erect ready for battle.

Then he saw
Geseah ða
into the war-gems
on searwum sigeeadig bil
a weapon of victory, an ancient giant
ealdsweord eotenisc ecgum þyhtig ~
sword, of edges a-doughty, glory of
wigena weorðmynd· þæt wæs wæpna cyst
warriors: of weapons was choicest,
buton hit wæs mare ðonne aenig mon oðer
only 'twas larger than any man else
to beadulace ætberan meahte
was able to bear to the battle
Encounter, the good and splendid
god ond geatolic giganta geweorc·
work of the giants. He grasped then
he gefeng þa fetelhilt· wreca

the sword-hilt, champion of the
Scyldinga hreoh ond heorogrim
scyldings, bold & battle-grim, bran-
hringmael gebrægd aldres
dished his ring-sword, hopeless of
orwena· yrringa sloh
living, hotly he smote her,

That the fiend-woman's neck firmly
þæt hire wið halse heard grapode·
it grappled, broke through her bone-
banhringas bræc· bil eal ðurhwod
joints, the bill fully pierced her fate-
fægne flæschoman· heo on
cursèd body, she fell to the ground
flet gecrong· sweord wæs swatig·
then: the hand-sword was bloody,
secg weorce gefeh· Lixte se leoma·
the hero exulted. The brand was
leoht inne stod
brilliant, brightly it glimmered,

Like as from heaven gemlike shineth
efne swa of hefene hadre scineð
the torch of the firmament. he
rodores candel· he æfter
danced 'long the building, and turned
recede wlat· hwearf þa be wealle·
by the wall then, Higelac's vassal
waepen hafenade heard be hiltum
raging and wrathful raised his
Higelaces ðegn yrre ond anræd·
battle-sword strong by the hartole.
næs seo ecg fracod
The edge was not useless

to the battle-hero, but he speedily
hildebince ac he hraþe wolde
wished to give Grendel requital for
Grendle forgyldan guðræsa fela
the many assaults he had worked
ðara þe he gewrohte to West-Denum
on the West-Danes not once, but
oftor micle ðonne on aenne sið

often, when he slew in slumber the
þonne he Hroðgares heorðgeneatas
subjects of Hrothgar, swallowed
sloh on sweofote· slaepende fræt
down fifteen sleeping retainers

Of the folk of the Danemen, and
folces Deniga fyftyne men
fully as many carried away, a
ond oðer swylc ut offered laðlicu lac·
horrible prey. he gave him requital,
he him þæs lean forgeald reþe cempa to
grim-raging champion, when he saw
ðæs þe he on ræste geseah guðwerigne
on his rest-place weary of conflict
Grendel licgan aldorleasne swa him aer gescod
Grendel lying, of life-joys bereavèd,

As the battle at Heorot erstwhile
hild æt Heorote —hra wide sprong
had scathed him; his body far
syþðan he æfter deaðe drepe
bounded, a blow when he suffered,
þrowade heoroswerg heapðne—
death having seized him, sword-
ond hine þa heafde becearf·
strong heavy, and he cut off his
Sona þæt gesawon
head then. Early this noticed the
snottre ceorlas þa ðe mid
clever carles who as comrades of
Hroðgare
Hrothgar

gazed on the sea-deeps, that the
on holm wliton·
surging wave-currents were mightily
þæt wæs yðgeblond eal gemenged
mingled, the mere-flood was gory: of
brim blode fah· blondenfeaxe
the good one the age-grayed held
gomele ymb godne ongeador spræcon

converse together, the hoary headed,
þæt hiʒ þæs æðelinʒes eft ne wendon·
that they hoped not to see again the
þæt he siʒehreðiʒ secean come
ætheling ever, that exulting in victory
he'd return thereto visit the
þæt he siʒehreðiʒ secean come
distinguished folk-ruler: then many
mæʒne þeoden· þa ðæs moniʒe
concluded the mere-wolf had killed
ʒeweарð þæt hine seo brimwylf
him. The ninth hour came then. From
abreoten hæfde. Ða com non dæʒes·
the ness-edge departed the bold-
næs ofʒeafon hwate Scyldinʒas·
mooded scyldings; the gold-friend of
ʒewat him ham þonon ʒoldwine
heroes homeward betook him. The
ʒumena· ʒistas secan
strangers sat down then
Soul-sick, sorrowful, the sea-
modes seoce ond on mere
waves regarding; they wished and
staredon· wiston, ond ne wendon
yet weened not their well-loved
þæt hie heora winedrihten
friend-lord to see any more. The
selfne ʒesawon. Þa þæt
sword-blade began then, the blood
sweord onʒan æfter heaþoswate
having touched it, contracting and
hildeʒicelum wiʒbil wanian·
shriveling with battle-icicles; 'twas
þæt wæs wundra sum
a wonderful marvel
That it melted entirely, likest to
þæt hit eal ʒemealt ise ʒelicost
ice when the father unbindeth the
ðonne forstes bend fæder onlæteð·
bond of the frost and unwindeth the
onwinded wælrapas se

wave-bands, he who wieldeth
ʒeweald hafað sæla ond mæla·
dominion of times and of tides: a
þæt is soð metod.
truth-firm Creator. Nor took he of
Ne nom he in þæm wicum
jewels more in the dwelling,
lord of the Weders, though they
Weder-Geata leod maðmæhta ma þeh
lay all around him, than the head
he þær moniʒe ʒeseah buton
and the costly costsome with
þone hafelan ond þa hilt somod
jewels; the brand early melted,
since faʒe· sweord aer ʒemealt·
burnt was the weapon: so hot was
forbarn brodenmæl· wæs þæt blod to þæs hat,
the blood, the strange-spirit
ættren ellorʒæst se þær inne swealt.
poisonous that in it did perish. He
Sona wæs on sunde
early swam off then
Who had bided in combat the car-
se þe aer æt sæcce ʒebad
nage of haters, went up through the
wiʒhryre wraðra wæter up þurhdeaf·
ocean; the eddies were cleansed, the
wæteron yðʒebland eal ʒefælsod
spacious expanses, when the spirit
eacne eardas þa se ellorʒast
from foreland his life put aside, this
oflet lifdaʒas ond þas lænan ʒesceaft·
short-lived existence. The seamen's
com þa to lande lidmanna helm
defender came swimming to land then
Doughty of spirit, rejoiced in his
swiðmod swymman· sælace ʒefeah
sea-gift, the bulky burden which he
mæʒenbyrþenne, þara þe he him mid hæfde.

bore in his keeping. The excellent
Eodon him þa togeanes· gode
vassals advanced then to meet him,
þancodon þryðlic þegna heap þeodnes
to god they were grateful, were glad
gefegon þæs þe hi hyne
in their chieftain, that to see him
gesundne geseon moston·
safe and sound was granted them.

From the high-minded hero, then,
ða wæs of þæm hroran
helmet and burnie were speedily
helm ond byrne lungre alysed
loosened: the ocean was putrid, the
—lagu drusade, wæter under
water 'neath welkin weltered with
wolcnum wældreore fag— feridon
gore. Forth from they fare, then, their
forð þonon feþelastum feþþum
footsteps retracing, merry and
fægne· foldweg mæton
mirthful, measured the earth-way,

The highway familiar: men very
cuþe stræte· cyningbalde men
daring bare then the head from the
from þæm holmclife hafelan bæron
sea-cliff, burdening each of the
earfoðlice heora æghwæþrum
earlmen, excellent-valiant. Four of
felamodigra —feower scoldon
them had to carry with labor the
on þæm wælstenge wæpcum gefepian
head of Grendel to the high towering
to þæm goldsele Grendles heafod—
gold-hall

Upstuck on the spear, all fourteen
oþ ðæt semninga to sele comon
most-valiant and battle-brave
frome fyrdhwate feowertyne

Geatmen came there going straight to
Geata gongan gumdryhten
the palace: the prince of the people
mid· modig on gemonge
measured the mead-ways, their
meodowongas træd. Ða com in
mood-brave companion. The Atheling
gan ealdor ðegna
of earlmen entered the building,

deed-valiant man, adorned with
dædcene mon dome gewurþad
distinction, doughty shield-warrior,
hæle hildedeor Hroðgar
to address king Hrothgar. Then hung
gretan. þa wæs be feaxe
by the hair, the head of Grendel
on flet boren Grendles heafod
was borne to the building, where
þær guman druncon, egeslic
beer-thanes were drinking, loth
for eorlum ond þære
before earlmen and eke 'fore the
idese mid, wliteseon wrætlic·
lady; the warriors beheld then a
weras onsawon.
wonderful sight.

Beowulf spake, offspring
Beowulf maþelode bearn
of Ecgtheow: "Lo! we have
Ecgþeowes: 'hwæt, we þe þas
blithely brought thee, bairn of Healf-
saelac, sunu Healfdenes leod
dene, prince of the Scyldings, these
Scyldinga, lustum brohton tires
presents from ocean which thine eye
to tacne þe þu her to locast.
looketh on, for an emblem of glory.

I came off alive from this, narrowly

Ic þæt unsofte ealdre gedigde

'scaping in war 'neath the water

wigge under wætere weorc genéþde

the work with great pains I perfor-

earfoðlice· ætrihte wæs

med, and the fight had been finished

guð getwæfed nymðe mec

quite nearly, had God not defended

god scylde· ne meahte ic

me. I failed in the battle ought to

æt hilde mid Hruntinge

accomplish, aided by Hrunting,

Though that weapon was worthy,

wiht gewyrcan þeah þæt waepen duge

but the Wielder of earth-folk gave

ac me geuðe ylda waldend

me willingly to see on the wall a

þæt ic on wage geseah wlitig

heavy old hard-sword hanging in

hangian ealdsweord eacen

splendor (he guided most often the

—oftost wisode winigea leasum—

lorn and the friendless), that I

þæt ic ðy waepne gebræd·

swung as a weapon. The wards of

ofsloh ða æt þære

the house then

I killed in the conflict (when occasion

sæcce þa me sael ageald

was given me). Then the battle-

huses hyrdas· þa þæt hildebil

sword burned, the brand that was

forbarn brogdenmael swa

Upted, as the blood-current sprang,

þæt blod gesprang

hottest of war-sweats; seizing the

hatost heaþoswata· ic þæt

hilt, from my foes I upbore it; I

hilt þanan feondum ætferede·

avenged as I ought to their acts of

fyrendæda wræc

malignity,

The murder of Danemen. I then

deaðcwealm Denigea swa hit

make thee this promise, thou 't be

gedefe wæs. Ic hit þe þonne gehate

able in Heorot careless to slumber

þæt þu on Heorote most sorhleas

with thy throng of heroes and the

swefan mid þinra secga gedryht ond

thanes of thy people every and

þegna gehwylc þinra leoda

each, of greater and lesser, and

duguðe ond iogoþe· þæt þu

thou needest not fear for them from

him ondraedan ne þearft,

the selfsame direction

As thou formerly fearedst, oh folk-

þeoden Scyldinga, on þa healfe

lord of Scyldings, end-day for earl-

aldorbealu eorlum swa þu aer dydest.'

men." To the age-hoary man then,

Đa waes gyldenhilt gamelum

the gray-haired chieftain, the gold-

pince hafum hildrzuman on

fashioned sword-hilt, old-work of

hand gyfen enta aerzeweorc·

giants, was thereupon given; since the

hit on aeht gehwearf aefter

fall of fiends, it fell to the keeping

Of the wielder of Danemen, the

deofla hryre Denigea frean wundorsmiþa

wonder-smith's labor, and the

geweorc ond þa þas worold ofgeaf

bad-mooded being abandoned this

gromheort guma godes andsaca

world then, opponent of God, guilty

morðres scyldig ond his modor eac

of murder, and also his mother; it

on geweald gehwearf woroldcyninga

went to the keeping of the best of the

ðaem selestan be saem tweonum

world-kings, where waters encircle,

Who the scot divided in scylding

ðara þe on Scedenizze

dominion. Hrothgar discoursed, the

sceattas daelde. Hroðgar

hilt he regarded, the ancient heir:

maðelode· hylt sceawode ealde lafe·

loom where an old-time contention's

on ðaem wæs or writen

beginning was graven: the gurgling

fyrngewinnes syðþan flod ofsloh

currents, the flood slew thereafter

gifen geotende giganta cyn—

the race of the giants,

They had proved themselves daring:

frecne geferdon· þæt wæs

that people was loth to the Lord

fremde þeod ecean dryhtne· him

everlasting, through lash of the

þæs endelean þurh wæteres wylm

billows the father gave them final

waldend sealde— swa wæs on

requital. so in letters of rune on the

ðaem scennum sciran goldes þurh

clasp of the handle gleaming and

runstafas rihte gemearcod

golden, 'twas graven exactly,

Set forth and said, whom that

geseted ond gesaed hwam þæt

sword had been made for, finest of

sweord geworht irena

irons, who first it was wrought for,

cyst aerest waere wreoþenhilt ond

wreathed at its handle and gleaming

wyrmfah· ða se wisa spræc sunu

with serpents. Said the wise one

Healfdenes swigedon ealle:

then (silent they all were) son of old

'Þæt, la, mæg secgan se þe soð ond riht

Healfdene: "he may say unrefuted

Who performs 'mid the folk-men

fremeð on folce· feor eal gemon,

fairness and truth (the hoary old

eald eðel weard· þæt ðes eorl waere

ruler remembers the past), that

geboren betera· blaed is aræred

better by birth is this bairn of the

geond widwegas, wine min Beowulf,

nobles! Thy fame is extended

ðin ofer þeoda gehwylce· eal þu

through far-away countries, good

hit geþyldum healdest,

friend Beowulf, o'er all the races,

Thou holdest all firmly, hero-like

mægen mid modes snyttrum·

strength with prudence of spirit. I'll

ic þe sceal mine gelaestan

prove myself grateful as before we

freode swa wit furðum spræcon·

agreed on; thou granted for long

ðu scealt to frofre weorþan

shalt become a great comfort to

eal langtwidig leodum þinum hæleðum

kinsmen and comrades, a help unto

to helpe. Ne wearð Heremod swa

heroes. Heremod became not

Such to the scyldings, successors of

earfoþum Ecgwelan Ar-Scyldingum·

Ecgwela; he grew not to please them,

ne geweox he him to

but grievous destruction & tiresome

willan ac to wælfealle ond to

death-woes to Danemen attracted;

deaðcwalum Deniga leodum· breat

he slew in anger his companions at

bolgenmod beodgeneatas eaxlgesteallan

table, trustworthy counsellors, all

oþ þæt he ana hwearf

he turned off lonely

from world-joys away, wide-
mære þeoden mondreamum from
famous ruler: though high-ruling
ðeah þe hine mihtig god mægenes wynnum
heaven in hero-strength raised him,
eafeþum stepte ofer ealle men
in might exalted him, o'er men of all
forð gefremede hwæþere him
nations made him supreme, yet a
on ferhþe greow breosthord blodreow·
murderous spirit grew in his bosom:
nallas beagas geaf
he gave then no ring-gems

to the Danes after custom; endured
Denum æfter dome· dreamleas
he unjoyful standing the strifes from
gebad þæt he þæs gewinnes wearp·
strife that was raging, longsome
þrowade leodbealo longsum. Ðu þe læp·
folk-sorrow. Learn then from this,
be þon· gumcyste ongit· ic þis gid
lay hold of virtue! Though laden
be þe awræc wintrum frod.
with winters, I have sung thee these
Wundor is to secganne
measures. 'Tis a marvel to tell it,

how all-ruling god from greatness
hu mihtig god manna cynne
of spirit giveth wisdom to children
þurh sidne sefan snyttru bryttað·
of men, manor and earlship: all
eard ond eorlscipe· he ah ealra geweald·
things he ruleth. He often permitteth
hwilum he on lufan læteð hworfan
the mood-thought of man of illust-
monnes modgeþonc mæran cynnes·
rious lineage to lean to possessions,

Allows him earthly delights at his
seleð him on eþle eorþan wynne
manor, high-hold of heroes to have
to healdanne hleoburh wera·
in his keeping, maketh portions of
gedeð him swa gewealdene
earth-folk hear him, and a wide-
worolde dælas side rice þæt
reaching kingdom so that, wisdom
he his selfa ne mæg for his
failing him, he himself is unable to
unsnyttrum ende geþencean·
reckon its boundaries;

he liveth in luxury, little debars
wunað he on wiste· no hine wiht
him, nor sickness nor age, no
dweleð adl ne yldo ne him
treachery-sorrow becloudeth his
inwitsorh on sefan sweorceð ne
spirit, conflict nowhere, no sword-
gesacu ohwær ecghete eoweð ac
hate, appeareth, but all of the
him eal worold wendeð on willan·
world doth wend as he wisheth;
he þæt wyrse ne con.
the worse he knoweth not,

till arrant arrogance inward
Oð þæt him on innan oferhygda
pervading, waxeth and springeth,
dæl weaxeð ond wridað þonne se
when the warder is sleeping, the
weard swefeð sawele hyrde·
guard of the soul: with sorrows
bið se slæp to fæst,
encompassed, too sound his slumber,
bisgum gebunden, bona swiðe neah
the slayer is near him, who with
sa þe of flanbogan fyrenum sceoteð
bow and arrow cometh in malice.

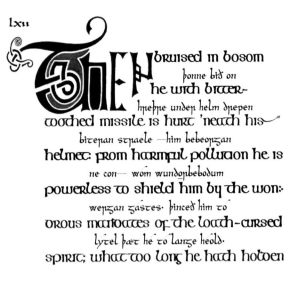 **bruised in bosom**
    þonne bið on
he with bitter-
    hreþre under helm þrepen
coated missile is hurt 'neath his
    biteran stræle —him bebeorgan
helmet from harmful pollution he is
    ne con—wom wundorbebodum
powerless to shield him by the won-
    weorgan gastes. þinceð him to
drous mandates of the loath-cursed
    lytel þæt he to lange heold.
spirit; what too long he hath holden

him seemeth too small, savage he
    gytsað gromhydig. nallas on
hoardeth, nor boastfully giveth gold
    gylp seleð faedde beagas ond he þa
plated rings, the fate of the future
    forðgesceaft forgyteð ond forgymeð
flouts and forgetteth since god had
    þæs þe him aer god sealde, wuldres
erst given him greatness no little,
    waldend, weorðmynda dael.
Wielder of glory. His end-day near,

It afterward happens that the
    hit on endestæf eft gelimpeð
bodily-dwelling fleetingly falleth,
    þæt se lichoma laene gedreoseð.
falls into ruins; another lays hold
    faege gefealled. fehð oþer to
who doleth the ornaments, the noble
    se þe unmurnlice madmas daeleþ
man's jewels, lamenting not, heeding
    eorles aergestreon. egesan ne gymeð.
no terror. Oh, Beowulf dear,

best of the heroes, guard from
    Bebeorh þe ðone bealonið, Beowulf
bale-strife, and choose thee the

    leofa secg betosta, ond þe þæt selre
better, counsels eternal; beware of
    geceos ece raedas. oferhyda ne gym,
arrogance, world-famous champion!
    maere cempa. nu is þines maegnes blaed
but a little-while lasts thy life-
    ane hwile. eft sona bið þæt
vigor's fulness; 'will after happen
    þec aðl oððe ecg eafoþes
early, that illness or sword-edge

shall part thee from strength, or
    getwaefed oððe fyres feng oððe
the grasp of the fire, or the wave of
    flodes wylm oððe gripe meces oððe
the current, or clutch of the edges, or
    gares fliht oððe atol yldo.
flight of the war-spear, or age with
    oððe eagena beorhtm forsiteð ond
its horrors, or thine eyes' brightness
    forsworceð. semninga bið þæt ðec,
shall fade into darkness: full early
    dryhtguma, dead oferswydeð.
'will happen, excellent hero,

that death shall subdue thee. So
    Swa ic Hring-Dena hund misseta
the Danes a half-century I held
    weold under wolcnum ond hig wigge beleac
under heav'n, helped them in struggle
    manigum maegþa geond þysne middangeard
'gainst many a race in middle-earth
    aescum ond ecgum þæt ic me aenigne
regions, with ash-wood and edges,
    under swegles begong gesacan ne
that enemies none on earth molested
    tealde. hwaet, me þæs on
me. Lo! offsetting change, now,

Came to my manor, grief after joy,
    eþle edwendan cwom, gyrn
when Grendel became my constant
    aefter gomene seoþðan Grendel wearð

visitor, inveterate hater: I from that

ealdgewinna ingenga min

malice continually travailed with

ic þaere socne singales waeg

trouble no little. Thanks be to God

modceare micle· þæs sig metode þanc

that I gained in my lifetime,

to the Lord everlasting, to look on

ecean dryhtne þæs ðe ic on aldre gebad þæt

the gory head with mine eyes, after

ic on þone hafelan heorodreorigne ofer eald

long-lasting sorrow! Go to the bench

gewin eagum starige! Ga nu to setle·

now, battle-adorned banquet joy: of

symbelwynne dreoh wiggeweorþad· unc sceal

jewels in common we'll meet with

worn fela maþma gemaenra siþðan morgen bið.'

many when morning appeareth."

The Geatman was gladsome, ganged

Geat wæs glædmod· geong

he immediately to go to the bench, as

sona to setles neosan swa se

the clever one bade him. Then again

snottra heht· þa wæs eft swa aer

as before were the prowess-famed,

ellenrofum fletsittendum fægere

hall-inhabiters, handsomely ban-

gereorded niowan stefne·

queted, feasted anew. The night-veil

nihthelm geswearc

fell then

Dark o'er the warriors. The

deorc ofer dryhtgumum· duguð eal aras·

courtiers rose then; the gray-haired

wolde blondenfeax beddes neosan,

was anxious to go to his slumbers,

gamela Scylding· Geat ungemetes wel

the hoary old scylding. hankered

þone handwigan restan lyste·

the Geatman, the champion doughty,

sona him seleþegn siðes wergum

greatly, to rest him: an earlman

feorrancundum forð wisade

early outward did lead him,

forsiðes fús· ...

fagged from his faring, from far-

se for andrysnum ealle

country springing, who for etiquette's

beweotede þegnes þearfe swylce þy

sake all of a liegeman's needs regar-

dogore heaþoliðende habban

ded, such as seamen at that time

scoldon· reste hine þa

were bounden to feel. The big hearted

rumheort· reced hliuade

rested; the building uptowered,

geap ond goldfah·

spacious and gilded,

The guest within slumbered, all the

gæst inne swæf

sable-clad raven blithely foreboded

oþ þæt hrefn blaca heofones

the beacon of heaven. Then the

wynne bliðheort bodode.

bright-shining sun o'er the bottoms

Ða com beorht scacan

came going; the warriors hastened,

scaþan onetton· wæron

the heads of the peoples were

æþelingas eft to leodum

ready to go again to their peoples,

The high-mooded farer would

fuse to farenne· wolde feor þanon

faraway thenceward look for his

cuma collenferhð ceoles neosan.

vessel. The valiant one bade then,

heht þa se hearda hrunting

offspring of Ecglaf, off to bear

beran sunu Ecglafes· heht

Hrunting to take his weapon, his

his sweord niman leoflic iren·

well-beloved iron; he him thanked
    sægde him þæs leanes þanc·
for the gift, saying good he accounted

The war-friend and mighty, nor
    cwæð: he þone guðwine godne tealde
chide he with words then the blade
    wigcræftigne· nales wordum log
of the brand: 'twas a bravemooded
    meces ecge· þæt wæs modig secg.
hero. when the warriors were ready,
    Ond þa siðfrome, searwum
arrayed in their trappings, the athe-
    geatwe wigend wædon eode
ling dear to the Danemen advanced
    weorþd Denum æþeling to yppan
then on to the dais, where the other
    þær se oþer wæs
was strong, grim-mooded hero,
    hæle hildedeor Hroðgar grette.
greeted king Hrothgar.

eowulf spake, Ecgtheow's off-
    Beowulf maþelode bearn
spring: "We men of the water wish to
    Ecgþeowes: 'Nu we sæliðend secgan wyllað
declare now fared from far-lands,
    feorran cumene þæt we fundiaþ
we're firmly determined to seek king
    Higelac secan· wæron hér tela
Higelac. here have we fitly

been welcomed and feasted, as
    willum bewenede· þu us wel dohtest.
heart would desire it; good was the
    Gif ic þonne on eorþan owihte mæg
greeting. if greater affection I am any
    þinre modlufan maran tilian,

wise able ever on earth to gain at
    gumena dryhten, ðonne ic gyt dyde,
thy hands, ruler of heroes, than yet
    guðgeweorca ic beo gearo sona
I have done, I shall quickly be ready

for combat and conflict. O 'er the
    gif ic þæt gefricge ofer floda
course of the waters learn I that
    begang þæt þec ymbsittend
neighbors alarm thee with terror, as
    egesan þywað swa þec hetende
haters did whilom, I hither will bring
    hwilum dydon ic ðe þusenda
thee for help unto heroes henchmen
    þegna bringe hæleþa to helpe.
by thousands. I know as to Higelac,
    Ic on Higelace wat,
the lord of the Geatmen,

Though young in years, he yet will
    Geata dryhten þeah ðe he geong syy
permit me, by words and by works,
    folces hyrde· þæt he mec fremman wile
ward of the people, fully to furnish
    weordum ond worcum þæt ic þe wel herige
thee forces and bear thee my lance
    ond þe to geoce garholt bere
to relieve thee, if liegemen shall fail
    mægenes fultum þær ðe bið manna þearf.
thee, and help of my harto-strength;
    Gif him þonne Hreþric
if Hrethric be treating,
    to hofum Geata geþinged þeodnes bearn
bairn of the king, at the court of
the Geatmen, he thereat may find
    he mæg þær fela freonda findan·
him friends in abundance: faraway
    feorcyþðe beoð selran gesohte

countries he were better to seek for
þaém þe him selfa déah.'
who trusts in himself." hroðgar
hroðgar maþelode him on andsware:
discoursed then, making rejoinder:
'þe þa wordcwydas wigtig drihten
"These words thou hast uttered

All-knowing god hath given thy
on sefan sende· ne hyrde
spirit He'er heard I an earlman
ic snotorlicor on swa geongum
thus early in life more clever in
feore guman þingian· þu eart
speaking: thou 'rt cautious of spirit,
maegenes strang ond on
mighty of muscle, in mouth-answers
mode frod wis wordcwida·
prudent. I count on the hope that,
wén ic talige
happen it ever

That missile shall rob thee of
gif þæt gegangeð þæt ðe gar nymeð
hrethel's descendant, edge-horrid
hild heorugrimme hreþles eaferan,
battle, and illness or weapon
adl oþðe iren ealdor ðinne
deprive thee of prince, of people's
folces hyrde ond þu þin feorh hafast
protector, and life thou yet holdest,
þæt þe Sae-Geatas selran næbben
the sea-geats will never find a more
to geceosenne cyning ænigne
prang folk-lord to choose them,
gem-ward of heroes, than thou
hordweard hæleþa gyf
mightest prove thee, if the kingdom of
þu healdan wylt maga rice·
kinsmen thou carest to govern. Thy
me þin modsefa licað leng
mood-spirit likes me the longer the

swa wel, leofa Beowulf·
better, beowulf dear: thou hast
hafast þu gefered
brought it to pass that peace shall
þæt þam folcum sceal
be common to both these peoples,

to geat-folk and danemen, the
Géata leodum ond Gar-Denum
strife be suspended, the secret
sib gemaenum ond sacu restan,
assaultings they suffered in yore-
inwitniþas, þe hie aer drugon,
days; and also that jewels be
wesan þenden ic wealde widan
shared while I govern the wide-
rices maþmas gemaene, manig
stretching kingdom, and that many
oþerne godum gegrettan
shall visit others o'er the ocean
ofer ganotes bæð·
with excellent gift-gems:
The ring-adorned bark shall bring
sceal hringnaca ofer heaþu bringan
o'er the currents presents and love-
lac ond luftacen· ic þa leode wat
gifts. This people I know tow'rd
ge wið feond ge wið freond
foeman and friend firmly estab-
fæste geworhte aeghwæs untaele
lished, after ancient etiquette every:
ealde wisan.'Ða git him
wise blameless." Then the warden
eorla hleo hine gesealde mago
of earlmen gave him still further,
healfdenes maþmas twelf·
kinsman of healfdene,
a dozen of jewels, bade him safely
het inne mid þaem lacum leode
seek with the presents his
swaese secean on gesyntum,

well-beloved people, early returning.

snude eft cuman· gecyste

Then the noble-born king kissed the

þa cyning æþelum god, þeoden

distinguished, dear-loved liegeman,

Scyldinga ðegn betostan

the Dane-prince saluted him,

and clasped his neck; tears from

ond be healse genam· hruron him

him fell, from the gray-headed man:

teapas blondenfeaxum· him wæs

he two things expected, aged and

bega wen ealdum inwodum, oþpes

reverend, but rather the second,

swiðor· þæt hie seoððan geseon moston

that bold in council they'd meet

modige on meþle· wæs him

thereafter. The man was so dear

se man to þon leof

that he failed to suppress the

emotions that moved him, but in

þæt he þone breostwylm foþbepan

mood-fetters fastened the long-

ne mehte ac him on hreþpe

famous hero longeth in secret deep in

hygebendum fæst æfteþ deopum

his spirit for the dear-beloved man

men dypne langað beopn wið blode·

though not a blood-kinsman. beo:

him Beowulf þanan guðþinc

wulf thenceward, gold-splendid

goldwlanc gþæsmoldan tþæd

warrior, walked o'er the meadows

exulting in treasure: the sea-going

since hþemig· saegenga bad

vessel riding at anchor awaited its

agedþþeän se þe on ancþe þad·

owner. As they pressed on their way

þa wæs on gange gifu hþoðganes

then, the present of brodtgar was

oft geæhted· þæt wæs an cyning,

frequently referred to: a folk-king

aeghwæs opleahtþe oþ þæt hine

indeed that everyway blame less,

yldo benam mægenes wynnum

all age did debar him the joys of his

se þe oft manegum scoð·

might, which hath many oft injured.

Then the band of

Cwom þa to

very valiant retainers

flode fela modigþa

came to the current; they

hægstealdþa· hþingnet baeþon

were clad all in armor, in link-

locene leoðosyþcan· landweaþd

woven burnies. The land-warder

onfand eftsið eoþla,

noticed the return of the earlmen, as

swa he aeþ dyde·

he erstwhile had seen them;

Nowise with insult he greeted the

no he mid heaþme oþ hliðes nosan

strangers from the naze of the cliff,

gæstas gþette ac him togeanes þad·

but rode on to meet them; said the

cwæð þæt wilcuman Wedeþa leoðum

bright-armored visitors vesselward

scaþan scþhame to scipe foþon·

traveled welcome to Weders. The

þa wæs on sande saegeap naca

wide-bosomed craft then lay on the

hladen heþewaedum hþingedstefna

sand, laden with armor,

With horses and jewels, the ring-

meaþum ond maðmum· mæst hliþade

stemmed sailer: the mast uptowered

ofeþ hþoðganes hoþðgestþeonum·

o'er the treasure of hrodgar. to
  he þaem batweaþde bunden
the boat-ward a golo-bound brand
  golde swurd gesealde þæt
he presented, that he was after;
  he syðþan wæs on meodubence
was honored on the ale-bench
  maþma þy weorþre yrfelafe.
more highly as the heirloom's
  Gewat him on nacan
owner. Set he out on his vessel,

to drive on the deep, Danish
  drefan deop wæter· Dena
country left he. Along by the mast
  land ofgeaf· þa wæs be
then a sea-garment fluttered, a
  mæste merehrægla sum
rope-fastened sail. The sea-boat
  segl sale fæst· sundwudu þunede·
resounded, the wind o'er the waters
  no þær wegflotan wind ofer yðum
the wave-floater nowise kept from
  sides getwaefde. saegenga for·
its journey; the sea-goer traveled,

The foamy-necked floated forth
  fleat famigheals forð ofer
o'er the currents, the cunning-
  yðe bundenstefna ofer
fashioned vessel o'er the ways of
  brimstreamas þæt hie
the ocean, all they came within sight
  Geata clifu ongitan
of the cliffs of the geatmen, the
  meahton cuþe næssas·
well-known headlands. The wave-
  ceol up geþrang lyftgeswenced·
goer hastened driven by breezes,
  on lande stod.
stood on the shore.

Prompt at the ocean, the port-
  hraþe wæs æt holme hyðweard
ward was ready, who long in the
  geara se þe aer lange tid leofra
past outlooked in the distance, at
  manna fus æt faroðe feor
water's-edge waiting well-loved he;
  wlatode saelde to sande sidfæþme
roes; he bound to the bank then the
  scip onceanbendum fæst þy
broad-bosomed vessel fast in its
  laes hym yþa ðrym
fetters, lest the force of the waters

should be able to injure the ocean-
  wudu wynsuman forwrecan
wood winsome. bade he up then
  meahte· het þa up beran æþelinga
take the treasure of princes, plate-
  gestreon fratwe ond faetgold·
gold and fretwork; not far was it
  næs him feor þanon to gesecanne
thence to go off in search of the giver
  sinces bryttan Higelac Hreþling
of jewels: hrethel's son higelac at
  þær æt ham wunað
home there remaineth,

himself with his comrades close to
  selfa mid gesiðum saewealle neah.
the sea-coast. The building was
  Bold wæs betlic, bregorof cyning
splendid, the king heroic, great in his
  heahealle, hygd swiðe geong
hall, hygd very young was, fine-
  wis welþungen þeah ðe wintra lyt
mooded, clever, though few were the
  under burhlocan gebiden hæbbe
winters that the daughter of hæreth
  hæreþes dohtor næs hio hnah swa þeah
had dwelt in the borough;

but she nowise was cringing nor

ne to gnead gifa Geata leodum
niggard of presents, of ornaments
maþmgestreona. Mod þryðo
rare, to the race of the Geatmen.
wæg fremu folces cwen,
Thrytho nursed anger, excellent
firen' ondrysne· naenig þæt
folk-queen, hot-burning hatred: no
dorste deor geneþan
hero whatever 'mong household
swaespa gesiða, nefne sinfrea·
companions, her husband excepted

Dared to adventure to look at the
þæt hire an dæges
woman with eyes in the daytime; but
eagum starede ac him wælbende
he knew that death-chains hando-
weotode tealde handgewriþene·
wreathed were wrought him: early
hraþe seoþðan wæs
thereafter, when the hand-strife
æfter mundgripe mece
was over, edges were ready, that
geþinged þæt hit
fierce-raging sword-point had to
sceadenmael scyran moste,
force a decision,
Murder-bale show. such no wom:
idese to efnanne þeah ðe
anly custom for a lady to practice,
hio aenlicu sy· þætte
though lovely her person, that a
freoðuwebbe feores onsaece
weaver-of-peace, on pretence of
æfter ligetorne leofne mannan.
anger a belovèd liegeman of life
huru þæt on hoh snod
should deprive. soothly this
hemninges maeg·
hindered heming's kinsman;

Other ale-drinking earlmen asser:
ealodrincende oðer saedan·
ted that fearful folk-sorrows fewer
þæt hio leodbealewa laes gefremede
she wrought them, treacherous doing,
inwitniða syððan aerest weard
since first she was given adorned
gyfen goldhroden geongum
with gold to the war-hero youthful,
cempan ædelum diore syððan
for her origin honored, when Offa's
hio Offan flet
great palace
O'er the fallow flood by her fa:
ofer fealone flod be fæder
ther's instructions she sought on her
lare siðe gesohte ðaer hio
journey, where she afterward fully,
syððan well in gumstole
famed for her virtue, her fate on the
gode maere lifgesceafta
king's-seat enjoyed in her life-time,
lifigende breac· hiold heahlufan
love'do she hold with the ruler of
wið hæleþa brego,
heroes, the best, it is told me,
Of all of the earthmen that oceans
ealles moncynnes mine gefraege
encompass, of earl-kindreds endless;
þæs selestan bi saem tweonum
hence offa was famed far and wide
eormencynnes. Forðam Offa wæs
by gifts and battles, spear-valiant
geofum ond gudum garcene man
hero; the home of his fathers he
wide geweorðod· wisdome heold
governed with wisdom, whence
eðel sinne· þonon ongeomor woc
Comer'do issue for help unto
hæleðum to helpe hemninges maeg
heroes, heming's kinsman, grandson

nefa Garmundes mða cpæftig.
of Garmund, great in encounters.

THEN the brave
Gewat him
one departed,
ða se heapda
his band along with
mid his hondscole sylf
him, the sea shore seeking the sea-
æfter sande saewong
marches treading, the wide stretching
tredan woruldcandel scan
shores. The world-candle glimmered,
sigel suðan fus·
the sun from the southward; they
hi sið drugon·
proceeded then onward,

Early arriving where they heard
elne geeodon, to ðæs ðe eopla
that the troop-lord, Ongentheow's
hleo bonan Ongenþeoes burgum
slayer, excellent youthful folk-prince
in innan, geongne guðcyning
and warrior was distributing jewels,
godne gefrunon hringas daelan.
close in his castle. The coming of
Higelace wæs sið
Beowulf was announced in a message
Beowulfes snude gecyðed·
quickly to Higelac,

That the folk-troop's defender
þæt ðaer on worðig wigendra
forth to the palace the linden-
hleo lindgestealla lifigende
companion alive was advancing,
cwom heaðolaces hal to
secure from the combat courtward
hofe gongan· hraðe wæs
a-going. The building was early in:
gerymed swa se rica bebead

ward made ready for the foot-going
feðegestum flet innanweard·
guests as the good one had ordered.

He sat by the man then who had
gesæt þa wið sylfne se ða sæcce
lived through the struggle, kinsman
genæs,mæg wið maege syððan
by kinsman, when the king of people
mandryhten þurh hleoðorcwyde holdne
had in lordly language saluted the
gegrette meaglum wordum
dear one in words that were lofty.
meoduscencum hwearf geond þæt
The daughter of Hæreth coursed
side reced Hæreðes dohtor
through the hall, bearing mead-cups.

She loved the retainers, tendered
lufode ða leode·
the beakers to the high-minded Geat
liðwaege bær haeum to
men. Higelac 'gan then pleasantly
handa. Higelac ongan sinne
plying his companion with questions
geseldan in sele þam hean
in the high-towering palace. A
fægre friczcean·
curious interest tormented his spirit,
hyne fyrwet bræc
what meaning to see in

The sea-Geats' adventures:
hwylce Sae-Geata sidas waeron:
"Beowulf worthy, how throve your
'hu lomp eow on lade, leofa Biowulf,
journeying, when thou thoughtest
þa ðu faeringa feorr gehogodest
suddenly far o'er the salt-streams
sæcce secean ofer sealt wæter
to seek an encounter, a battle at

hilde to hiopote? Ac
heorot hast bettered for hrothgar,
ðu hroðgare widcuðne wean
the famous folk-leader, his far-
wihte gebettest
published sorrows

any at all? in agony-billows ?
maegum ðeodne? Ic ðæs modceare
mused upon torture, distrusted the
sophwylmum seað· siðe ne truwode
journey of the beloved liegeman; ?
leofes mannes· ic ðe lange bæd
long time oto pray thee by no means
þæt ðu þone wælgæst wihte
to seek out the murderous spirit, to
ne gette· lete Suð-Dene
suffer the south-Danes themselves
sylfe geweorðan
to oecide on

grappling with grendel. To god ?
guðe wið Grendel· gode ic
am thankful to be suffered to see
þanc secge þæs ðe ic ðe gesunde
thee safe from thy journey." beowulf
geseon moste.' Biowulf maðelode
answered, bairn of old Ecgtheow:
bearn Ecgðioes: 'þæt is undyrne,
" 'Tis hidden by no means, higelac
dryhten higelac, micel gemeting
chieftain, from many of men, the
monegum fira·
meeting so famous,

What mournful moments of me and
hwylc orlezhwil uncer Grendles
of grendel were passed in the place
wearð on ðam wange þær he worna fela
where he pressing affliction scathe:
Sige-Scyldingum sorge gefremede
fully brought on the victory-
yrmðe to aldre· ic ðæt eall
scyldings, anguish forever; that all ?
gewræc swa bezylpan þearf

avenged, so that any under heaven
Grendeles maga
of the kinsmen of grendel
Needeth not boast of that cry-in-
yfel ofer eorðan uhthlem þone
the-morning, who longest liveth of
se ðe lengest leofað laðan cynnes
the loth-going kindred, encompassed
faecne bifongen. Ic ðær furðum cwom
by moorland. I came in my journey to
to ðam hringsele hroðgar
the royal ring-hall, hrothgar to
gretan· sona me se maera
greet there: soon oto the famous
mago Healfdenes
scion of healfdene,

When he understood fully the spirit
syððan he modsefan minne cuðe
that led me, assign me a seat with
wið his sylfes sunu setl getaehte·
the son of his bosom. The troop
weorod wæs on wynne· ne seah
was in joyance; meao-glee greater
ic widan feorh under heofones
'neath arch of the ether not ever
hwealf healsittendra medudream
beheld ?'mid hall-building holders.
maran. hwilum maeru cwen
The highly-famed queen,

peace-tie of peoples, oft passed
friðusibb folca flet
through the building, cheered the
eall zeondhwearf· bædde
young troopers; she oft tendered a
byre zeonge· oft hio beahwriðan
hero a beautiful ring-band, ere she
secge sealde aer hie to
went to her sitting. Oft the daughter
setle zeong· hwilum for

of Hrothgar in view of the courtiers
duzude dohtor Hrodzanes
to the earls at the end the ale-
eoplum on ende ealuwaeze baep
vessel carried,

Whom Freaware I heard then
ba ic Freawape fletsittende
hall-sitters call when nail-adorned
nemnan hypde baep hio naezled sinc
jewels she gave to the heroes: gold-
hæledum sealde Sio zehaten is
bedecked, youthful, to the glad son
zeonz zoldhroden, zladum
of Froda her faith has plighted; the
suna Frodan· hafad bæs
friend of the Scyldings, the guard of
zewopden wine Scyldinza
the kingdom, hath given his sanction,

And counts it a vantage, for a part
pices hypde ond bæt paed talad
of the quarrels, portion of hatred,
bæt he mid dy wife wælpaehda dael
to pay with the woman. Somewhere
sæcca zesette. Oft seldan
not rarely, when the ruler has
hwaep æfter leodhpype lytle
fallen, the life-taking lance relaxeth
hwile bonzap buzed
its fury for a brief breathing-spell,
peah seo bpyd duze.
though the bride be charming!

It well may discomfit the
Mæz bæs bonne
prince of the heatho-bards
ofbyncan deoden heado-
and each of the thanemen of
ond Beapdna bezna zehwam
earls that attend him, when he goes
bapa leoda bonne he mid

to the building escorting the woman,
faemnan on flett zaed:
that a noble-born Daneman the
dpyhtbeapn Dena duzuda biwenede,
knights should be feasting:
There gleam on his person the
on him zladiad zomelpa lafe heapd
leavings of elders hard and ring-
ond hpinzmael Heada-Beapna zestpeon
bright, Heathobards' treasure,
benden hie dam waepnum wealdan moston.
while they wielded their arms, till
Od dæt hie foplaeddan to dam
they misled to the battle their own
lindplezan swaese zesidas ond
dear lives and belovèd companions.
hypa sylfpa feoph. Ponne cwid æt
he saith at the banquet who the
beope se de beahzesyhd
collar beholdeth,

an ancient ash-warrior who earls'
eald æscwiza se de eall zeman
earlmen's destruction clearly recall:
zapcwealm zumena —him bid zpim sefa—
eth (cruel his spirit), sadly beginneth
onzinned zeomoppmod zeonzum
sounding the youthful champion's
cempan buph hpedpa zehyzd
spirit through the thoughts of his
hizes cunnian,wizbealu weccean
bosom, war-grief to waken, and this
ond bæt wopd acwyd:
word-answer speaketh:

Art thou able, my friend, to know
"Meaht du, min wine, mece zecnawan
when thou seest it the brand which
bone bin fæder to zefeohte bæp
thy father bare to the conflict in his
unden hepezpiman hindeman side,
latest adventure, 'neath visor of
dype ipen, baep hyne Dene slozon·

helmet, the dearly-loved iron, where
weoldon wælstowe syððan
Danemen did slay him, and brave-
wideргуld læg æfter hæleþa
mooded Scyldings, on the fall of the
hyne hwate Scyldungas?
heroes, when vengeance was sleeping,

The slaughter-place wretched: e'en
Nu heþ þaþa banena
now some man of the murderer's
byre nathwylces frætwum hremig
progeny exulting in ornaments enters
on flet gæð· morðres gylpeð
the building, boasts of his blood-
ond þone maðþum byreð
shedding, offbeareth the jewel which
þone þe ðu mid pihte
thou shouldst wholly hold in
raeðan sceoldest."
possession!'

So he urgeth and mindeth on every
Manað swa ond myndgað maela
occasion with woe-bringing words,
gehwylce sarum wordum oð ðæt sael
all waxeth the season when the
cymeð þæt se faemnan þegn fore
woman's thane for the works of his
fæder daedum æfter billes bite
father, the bill having bitten, blood-
blodfag swefeð ealdres scyldig·
gory sleepeth, fated to perish; the
him se oðer þonan
other one thenceward

escapeth alive, the land knoweth
losað lifigende· con him land geare.
thoroughly. Then the oaths of the
Þonne bioð brocene on ba healfe
earlmen on each side are broken,
aðsweord eorla· syððan Ingelde
when rancors unresting are raging in
weallað wælnioas ond him wiflufan
Ingeld and his wife-love waxeth less

æfter ceapwælmum colran weorðað·
warm after sorrow. So the Heatho-
þy ic Heaðo-Beardna hyldo ne telge
bards' favor not faithful I reckon,

Their part in the treaty not true to
dryhtsibbe dael Denum unfaecne,
the Danemen, their friendship not
freondscipe fæstne. Ic sceal forð sprecan
fast. I further shall tell thee more
gen ymbe Grendel þæt ðu geare
about Grendel, that thou fully mayst
cunne,sinces brytta, to hwan
hear, ornament-giver, what after:
syððan weard hondraes hæleða
ward came from the hand-rush of
syððan heorones gim
heroes. When heaven's bright jewel
glad ofer grundas gaest yrre
stranger came raging, the horrible
cwom eatol aefengrom uŝeр
night-fiend, us for to visit, where
neosan ðaeр we gesunde sæl
wholly unharmed the hall we were
weardodon þær wæs Hondscio
guarding. To Hondscio happened a
hilde onsaeze feorhbealu faegum·
hopeless contention, death to the
he fyrmest læg
doomed one, dead he fell foremost,

Girded war-champion; to him Gren:
gyrded cempa· him Grendel
del became then, to the vassal dist:
weard maerum mazuþegne
inguished, a tooth-weaponed murd:
to muðbonan· leofes mannes
erer, the well-beloved henchman's
lic eall forswealg· no ðy aeр
body all swallowed. Hot earlier off

ut ða gen idelhende bona

empty of hand oto the bloody-

blodigtoð bealewa gemyndig

loathed murderer, mindful of evils,

wish to escape from the gold-

of ðam goldsele gongan wolde

giver's palace, but sturdy of strength

ac he mægnes rof min

he strove to outdo me, hand-ready

costode· grapode geaporolm·

grappled. A glove was suspended

glof hangode sid ond syllic

spacious and wondrous, in art-

searobendum fæst sio wæs

fetters fastened, that was fashioned

orðoncum eall gegyrwed

entirely by touch of the craftsman

From the dragon's skin by devices

deofles cræftum ond dracan fellum·

of the devil: he down in its depths

he mec þær on innan unsynnigne

would do me unsadly one among

diop daedpruma gedon wolde

many, deed-doer raging, though

manigra sumne· hyt ne

sinless he saw me; not so could it

mihte swa syððan ic on yrre

happen when I in my anger upright

uppriihte astod.

oto stand.

'Tis too long to recount how requi-

To lang ys to reccenne

tal I furnished for every evil to the

hu ic ðam leodsceaðan yfla

earlmen's destroyer; 'twas there, O

gehwylces hondlean forgeald þær ic,

prince, that I proudly distinguished

þeoden min, þine leode weorðode

thy land with my labors. He left

weorcum· he on weg losade

and recreated, he lived his life a

lytle hwile lifwynna breac·

little while longer: yet his right hand

hwæþre him sio swiðre swaðe weardade

guarded his footstep in Heorot,

and sad-mooded thence to the sea-

hand on hiorte ond he

bottom fell he, mournful in mind.

hean ðonan modes geomor

for the might-rush of battle the

meregrund gefeoll. Me þone wælpaes

friend of the Scyldings, with gold

wine Scildunga faettan

that was placed, with ornaments

golde fela leanode

many, much requited me,

When daylight had dawned, and

manegum maðmum syððan

down to the banquet we had sat us

mergen com ond we to symble

together. There was chanting and

geseten hæfdon þaer wæs gidd

joyance: the age-stricken Scylding

ond gleo: gomela Scilding

asked many questions and of old-

felafriczende feorran rehte·

times related; oft light ringing harp-

hwilum hildedeor hearpan wynne

strings, joy-telling wood, were

gomelwudu gretter·

touched by the brave one;

How he uttered measures, mourning

hwilum gyd awræc soð

and truthful, then the large-hearted

ond sarlic· hwilum syllic spell

land-king a legend of wonder-truth:

rehte æfter rihte

fully told us. How troubled with

rumheort cyning· hwilum eft

years the age-hoary warrior after:

onʒan eldo ʒebunden ʒomel
ward began to mourn for the might
ʒuðwiʒa ʒioʒuðe cwiðan
that marked him in youth-days;

his breast within boiled, when bur-
hildestrenʒo· hreðer inne weóll
dened with winters much he remem-
þonne he wintrum frod,
bered. From morning all night then
worn ʒemunde. Swa we þær inne
we joyed us therein as etiquette
andlanʒne dæʒ móde naman oð ðæt
suffered, all the second night season
niht becwom óðer to yldum·
came unto earth-folk. Then early
þá wæs eft hraðe
thereafter, the mother of Grendel

was ready for vengeance, wretched
ʒearo ʒyrnwræce Grendeles
she journeyed; her son had death
módor síðode sorhfull· sunu
ravished, the wrath of the Geatmen.
deað fornam, wiʒhete Wedra·
The horrible woman avenged her off-
wif unhyre hyre bearn ʒewræc·
spring, & with mighty main-strength
beorn ácwealde ellenlice·
murdered a hero. There the spirit of
þær wæs Æschere
Æschere, agèd adviser,

was ready to vanish; nor when
frodan fyrnwitan feorh uðʒenʒe·
morn had lightened were they any:
Noðer hy hine ne
wise suffered to consume him with
móston syððan merʒen cwóm
fire, folk of the Danemen, the death-
deaðweriʒne Denia leóde
weakened hero, nor the belovèd liege
bronde forbærnan né on bael

man to lay on the pyre; she the
hladan leófne mannan·
corpse had off-carried in the clutch
hió þæt lic ætbær
of the foeman

Heath mountain-brook's flood. To
feóndes fæðme under firʒenstreám·
Hrothgar 'twas saddest of pains
þæt wæs Hroðʒare hreówa tornost
that ever had preyed on the chief-
þára þe leódfruman lanʒe beʒeate·
tain; by the life of thee the land-
þá se ðeóden mec ðíne life
prince then me besought very sadly,
healsode hreóhmód þæt ic on holma ʒeþrinʒ
in sea-currents' eddies to display
eorlscipe efnde· ealdre ʒenedde·
my prowess, to peril my safety,
Might-deeds accomplish; much did
maerðo fremede· he me méde ʒehet·
he promise. I found then the famous
Ic ðá ðæs wælmes þe is wíde cúð
flood-current's cruel, horrible deep-
ʒrimme ʒryrelicne ʒrundhyrde fond·
warder. A while unto us two hand
þær unc hwíle wæs hand
was in common; the currents were
ʒemaene· holm heolfre weóll
seething with gore that was clotted,
ond ic heafde becearf in ðam
and Grendel's fierce mother's head
I off-hacked in the hall at the
ʒrundsele Grendeles módor
bottom with huge-reaching sword-
eacnum ecʒum· unsofte þonan
edge, hardly I wrested my life from
feorh oðferede· næs ic
her clutches; not doomed was I then,
faeʒe þá ʒyt ac me eorla hleó
but the warden of earlmen after-
eft ʒesealde máðma meniʒeo

ward gave me jewels in quantity,
maʒa Healfdenes.'
kinsman of Healfdene.

S[he] belovèd land-prince
Swa se ðeodkyning
lived in decorum; I had
þeawum lyfde·
missed no rewards, no
nealles ic ðam leanum
meeds of my prowess, but he gave me
forlonen hæfde
jewels, regarding my wishes, Healf-
sunu Healfdenes on minne
dene his bairn; I'll bring them to
sylfes dom
thee, then,

Atheling of earlmen, offer them
ða ic ðe, beorncyning, bringan wylle,
gladly. And still unto thee is all my
estum geywan· gen is eall æt ðe
affection: but few of my folk-kin
lissa gelong· ic lyt hafo
find I surviving but thee, dear Hige:
heafodmaʒa nefne, Hygelac, ðec.'
late" bade he in then to carry the
Het ða in beran eafor heafodsegn
boar-image, banner, battle-high hel:
heaðosteapne helm hare byrnan
met, iron-gray armor, the excellent

Weapon, in song-measures said:
guðsweord geatolic· gyd æfter wræc:
"This suit-for-the-battle Hrothgar
'Me ðis hildesceorp Hroðgar sealde
presented me, bade me expressly,
snotra fengel· sume worde het
wise-mooded atheling, thereafter to
þæt ic his ærest ðe est gesægde·
tell thee the whole of its history,
cwæð þæt hyt hæfde Hiorogar cyning

said king Heregar owned it,
Dane-prince for long: yet he wished
leod Scyldunga lanʒe hwile·
not to give then the mail to his son,
no ðy aer suna sinum syllan wolde
though dearly he loved him, Herew:
hwatum Heoroweaðe þeah he him hold waere
and the hardy. Hold all in joyance!"
breostgewaedu. Bruc ealles well.'
I heard that there followed hard
Hyrde ic þæt þam frætwum feower meaʒas
on the jewels two braces of stall:
lunʒre gelice last weardode
ions of striking resemblance,

Dappled and yellow; he granted
æppelfealuwe· he him est geteah
him usance of horses and treasures.
meara ond maðma. Swa sceal
so a kinsman should bear him, no
maeg ðon: nealles inwitnet
web of treachery weave for ano:
oðrum bregdon dyrnum
ther, nor by cunning craftiness cause
cræfte deað renian hondgesteallan.
the destruction of trusty companion.
Hygelace wæs
Most precious to Higelac,
The bold one in battle, was the
niða heardum nefa swyðe hold
bairn of his sister, and each unto
ond gehwæðer oðrum hroþra gemyndiʒ·
other mindful of favors. I am told
Hyrde ic þæt he ðone healsbeah
that to Hygd he proffered the neck:
Hygde gesealde wraetlicne wundurmaððum
lace, wonder-gem rare that Wealth:
ðone þe him Wealhðeo geaf
theow gave him, the troop-leader's
ðeodnes dohtor þrio wicg somod
daughter, a trio of horses

Slender and saddle-bright; soon too

swatcop ond sadolbeopht· hype

the jewel embellish her bosom, when

syððan wæs æften beahðeze

the beer-feast was over. So Ecgth:

bpeost zeweopðod. Swa bealdode

eow's bairn brave too prove him,

beapn Eczðeowes zuma zuðum cuð

war-famous man, by deeds that

zodum daedum· dpeah æften dome·

were valiant, he lived in honor,

nealles dpuncne sloz

beloved companions

Slew not carousing; his mood was

heopðzeneatas· næs him hpeoh sefa

not cruel, by hand-strength hugest of

ac he mancynnes maeste cpæfte

heroes then living the brave one recu:

zinfæstan zife þe him zod sealde

ned the bountiful gift that the Lord

heold hildedeop· hean wæs

had allowed him. Long was he wret:

lanze swa hyne Eeata beapn

ched, so that sons of the Geatmen

zodne ne tealdon

accounted him worthless,

And the lord of the liegemen loth

ne hyne on medobence micles wypðne

was to do him mickle of honor, when

dpihten wepeda zedon wolde·

mead-cups were passing; they fully

swyðe sæzdon þæt he

believed him tole and sluggish, an

sleac waepe æðelinz unfpom·

insolent atheling: to the honor-blest

edwenden cwom tipeadizum

man there came requital for the cues

menn topna zehwylces·

he had suffered.

The folk-troop's defender bade

het ða eopla hleo in

fetch to the building the heirloom of

zefetian, heaðopof cyninz,

Hrethel, embellished with gold, so

Hpeðles lafe zolde zezypede·

the brave one enjoined it; there was

næs mid Eeatum ða sincmaðþum

jewel no richer in the form of a

selpa on sweopdes had·

weapon 'mong Geats of that era; in

þæt he on Biowulfes

Beowulf's keeping he placed it and

beapm alezde

gave him

Seven of thousands, manor and

ond him zesealde seofan þusendo,

lordship. Common to both was land

bold ond bpezostol· him

'mong the people, estate and inher:

wæs bam samod on ðam

ited rights and possessions, to the

leodscipe lond zecynde eapd eðelpiht,

second one specially spacious domin:

oðpum swiðop side pice þam

ions, to the one who was better. It

ðæp selpa wæs·

afterward happened

In days that followed, befell the

Eft þæt zeiode ufapan dozpum

battle-thanes, after Higelac's

hildehlæmmum· syððan Hyzelac

lgdeath, and when Heardred was

ond Heapdpeðe hildemeceas

murdered with weapons of warfare

undep bopðhpeoðan to bonan wupdon

'neath well-covered targets, when

ða hyne zesohtan on sizeþeode

valiant battlemen in victor-band

heapde hildefpecan Heaðo-Scilfinzas·

sought him, war-scylfing heroes

nið zenaezdan nefan Hepepices·

harassed the nephew

of hereric in battle. to beowulf's

syððan Beowulfe bræde wide

keeping turned there in time extensive

on hand gehwearf· he geheold tela

dominions: he stoutly ruled them a

fiftig wintra — wæs ða frod cyning

fifty of winters (a man-ruler wise,

eald eþelweard — oð ðæt an

manor-ward old) till a certain one

ongan deorcum nihtum

'gan, on gloom-darkening nights,

a dragon, to govern, who guarded a

draca ricsian se ðe

treasure, a highrising stone-cliff, on

on heaum hofe hord beweotode

heath that was grayish: a path

stanbeorh steapne· stig under læg

'neath it lay, unknown unto mortals.

eldum uncuð. þær on innan giong

Some one of earthmen entered the

niða nathwylc ond neah geþeng

mountain, the heathenish hoard laid

hæðnum horde· hond gewriþenne

hold of with ardor ...

* * * * *

he sought of himself who

Nealles næs geweoldum

sorely did harm him, but,

wyrmhordan cræft sylfes

for need very pressing, the

willum se ðe him sare gesceod

servant of one of the sons of the he:

ac for þreanedlan þeof nathwylces

roes hate-blows evaded, seeking for

hæleða bearna heteswengeas fleoh

shelter and the sin-driven warrior

ærnesþearfe ond ðær inne weall

took refuge within there. he early

secg synbysig sona onwacade·

looked in it, * * * * * *

þæt gean ðam gyste gryrebroga stod·

when the onset surprised him,

he a gem-vessel saw there: many

sincfæt sohte· þær wæs swylcra

of suchlike ancient ornaments in the

fela in ðam eorðsele ærgestreona

earth-cave were lying, as in days of

swa hy on geardagum

yore some one of men of illustrious

gumena nathwylc eormenlafe

lineage, as a legacy monstrous, there

æþelan cynnes þanchycgende

had secreted them, careful and

þær gehydde

thoughtful,

dear-valued jewels. death had

deope maðmas· ealle hie deað fornam

offsnatched them, in the days of the

ærran mælum ond si an ða gen

past, and the one man moreover of

leoda duguðe se ðær lengest

the flower of the folk who fared

hwearf weard winegeomor

there the longest, was pain to defer

wende þæs yldan· þæt he

it, friend-mourning warder, a little

lytel fæc longgestreona

longer to be left in enjoyment

of long-lasting treasure. a barrow

brucan moste. Beorh eallgearo

all-ready stood on the plain nigh to

wunode on wonge

stream-currents, new by a ness-edge,

wæteryðum neah niwe be næsse

unneth of approaching: the keeper

nearocræftum fæst· þær on innan

of rings carried within a ponderous

þæn eoplȝestþeona hþinȝa
Deal of the treasure of nobles,

Of gold that was beaten, briefly
hynðe handwynþne dael faettan ȝoldes·
he spake then: "hold thou, O earth,
fea woþda cwæð: 'heald þu nu,
now heroes no more may, the
hþuse, nu hæleð ne moscan
earnings of earlmen. Lo! erst in thy
eoþla aehte. hwæt, hyt aeþ on ðe
bosom worthy men won them; war-
ȝode beȝeaton· ȝuððea fonnam
death hath ravished, perilous life-
feoþhbeale fþecne fyþena ȝehwylcne
bale, all my warriors,
Liegemen belovèd, who this life
leoda minþa þa me ðe þis ofȝeaf:
have forsaken, who hall-pleasures
ȝesawon seleðþeam· he nah
saw. No sword-bearer have I, and
hwa sweoþd weȝe oððe feþþie
no one to burnish the gold-plated
faeted waeȝe ðþyncfæt ðeoþe·
vessel, the high-valued beaker: my
duȝuð ellon seoc·sceal se
heroes are vanished. The hardy
heaþda helm hyþscedȝolde
helmet behung with gilding
Shall be reaved of its riches: the
faetum befeallen· feoþmynd
ring-cleansers slumber who were
swefað þa ðe
charged to have ready visors-for-
beadoȝniman bywan sceoldon·
battle, and the burnie that bided in
ȝe swylce seo hepepað sio
battle-encounter o'er breaking of
æt hilde ȝebad oþen
war-shields the bite of the edges
boþda ȝebþæc bite iþena

moulds with the hero. The ring-
bþosnað æften beoþne·
twisted armor,

Its lord being lifeless, no longer may
ne mæȝ byþnan hþinȝ
journey hanging by heroes; harp-joy
æften wiȝfþuman wide fepan
is vanished, the rapture of glee-
hæleðum be healfe· næs heanpan wyn
wood, no excellent falcon swoops
ȝomen ȝleobeames ne ȝod hafoc
through the building, no swift-footed
ȝeond sæl swinȝeð ne se swifta mearh
charger grindeth the gravel. A bale:
buþhstede beateð· bealocwealm hafað
ful grievous destruction

No few of the world-folk widely
fela feophcynna fonð onsendeð.'
hath scattered!" So, woeful of spirit
Swa ȝiomonmod ȝiohðo maende
one after all lamented mournfully,
an æften eallum· unbliðe hweanf
moaning in sadness by day and by
dæȝes ond nihtes oð ðæt deaðes wylm
night all death with its billows then
hþan æt heoptan.
the ancient dusk-scather

found the great treasure standing
hopdwynne fond eald uhtsceaða opene
all open, he who flaming and fiery
standan se ðe byþnende biopȝas seceð
flies to the barrows, naked war-
nacod niðþaca· nihtes fleoȝeð
dragon nightly escapeth encompassed
fyþe befanȝen· hyne foldbuend nan.
with fire; men under heaven widely
he ȝesecean sceall
beheld him. 'Tis said that he looks

For the hoard in the earth, where
heapm on hrusan þær he haeðen
old he is guarding the heathenish
gold warað wintrum frod·
treasure; he'll be nowise the better.
ne byð him wihte ðy sel. Swa se
So three hundred winters the was:
ðeodsceaða þreo hund wintra
ter of peoples held upon earth that
heold on hrusan hordærna
excellent hoard-hall, all the fore:
sum eacencræftig oð ðæt
mentioned earlman angered him
hyne an abealch
bitterly:

The beat-plated beaker he bare to
mon on mode: mandryhtne þær
his chieftain & fullest remission for
þæted waeȝe· frioðowaere bæd
all his remissness begged of his liege:
hlaford sinne· ða wæs hord
lord. Then the hoard was discov:
rasod,onboren beaga hord,
ered, the treasure taken, his petition
bene getiðad feasceaftum
was granted the lorn-mooded liege:
men· frea sceawode
man. his lord regarded

The old-work of earth-folk: 'twas
fyra fyrngeweorc forman siðe.
the earliest occasion. When the dra:
þa se wyrm onwoc —wroht wæs geniwad—
gon awoke, the strife was renewed
stonc ða æfter stane·
there; he snuffed 'long the stone,
stearcheort onfand feondes fotlast·
stout-hearted found he the footprint
he to forð gestop dyrnan
of foeman; too far had he gone with
cræfte dracan heafde neah.
cunning craftiness close to the head

Of the fire-spewing dragon. So un:
Swa mæg unfæge eaðe gedigan
doomed he may 'scape from anguish
wean ond wræcsið se ðe
and exile with ease who possesseth
waldendes hyldo gehealdeþ.
the favor of heaven. The hoard-
hordweard sohte ȝeorne
warden eagerly searched o'er the
æfter grunde· wolde guman
ground then, would meet with the
findan þone þe him on ·
person that caused him sorrow
sweoþote sare geteode
while in slumber reclining:

gleaming and unto he oft went round to
hat ond hreohmod hlaewum oft
the cavern, all of it outward; not
ymbehwearf ealne utanweardne —
any of earthmen was seen in that
ne ðær aenig mon on þam
desert. yet he joyed in the battle,
westenne hwæðre hilde gefeh
rejoiced in the conflict: oft he turned
beadu weorces —hwilum on beorh æthwearf·
to the barrow, sought for the gem-
sincfæt sohte· he þæt sona onfand·
cup; this he soon perceived then

That some man or other had dis:
ðæt hæfde gumena sum goldes
covered the gold, the famous folk-
gefandod heahgestreona·
treasure. Hot pain oto the hoard-
hordweard onbad earfoðlice
ward wait until evening; then the
oð ðæt aefen cwom· wæs ða
ward of the barrow was angry in
gebolgen beorges hyrde·
spirit, the loathèd one wished to

wolde se laða liʒe forʒyldan

pay for the dear-valued drink-cup

drincfæt dyre.

with fire.

When the day was done as the

Þá wæs dæʒ sceacen

dragon would have it, he no longer

wyrme on willan· no on wealle læʒ

would wait on the wall, but depar-

bidan wolde ac mid baele for·

ted fire-impelled, flaming, fearful

fyre ʒefýsed· wæs se fruma eʒeslíc

the start was to earls in the land,

leódum on lande swá hyt lunʒre weard

as it early thereafter to their giver-

on hyra sincʒifan sáre ʒeendod.

of-gold was grievously ended.

The stranger began then

Đá se ʒæst onʒan

to vomit forth fire, to burn the

ʒledum spiwan, beorht hofu bærnan·

great manor; the blaze ʒlimmered

bryneleóma stód eldum on andan·

for anguish to earlmen, not anything

no ðaér aht cwices láð

living was the hateful air-goer

lyftfloʒa laéfan wolde·

willing to leave there.

The war of the worm widely was

wæs þæs wyrmes wíʒ wide ʒesyne

noticed, the feud of the foeman afar

nearofaʒes níð neán ond feorran·

and anear, how the enemy injured

hú se ʒúðsceaða Eáta leóde

the earls of the ʒeatmen, harried

hatode ond hýnde· hord eft

with hatred: back he hied to the

ʒesceát dryhtsele dyrnne

treasure, to the well-hidden cavern

aér dæʒes hwíle·

ere the coming of daylight.

he had circled with fire the folk

hæfde landwara liʒe befanʒen

of those regions, with brand and

baéle ond bronde· beorʒes

burning; in the barrow he trusted, in

ʒetruwode wiʒes ond wealles· him

the wall and his war-might: the

séo wén ʒeleáh. Þá wæs

weening deceived him. Then straught

Bíowulfe broʒa ʒecýðed

was the horror to Beowulf publi-

snúde tó soðe þæt his

shed, early forsooth, that his own

sylfes ham

native homestead,

the best of buildings, was burning

bolda sélest brynewylmum mealt

and melting, ʒift-seat of ʒeatmen.

ʒifstol Eáta· þæt ðam

'twas a grief to the spirit of the

ʒódan wæs hreow on hreðre

ʒood-mooded hero, the greatest of

hyʒesorʒa maést· wénde se

sorrows: the wise one weened then

wísa þæt he wealdende ofer

that wielding his kingdom 'gainst the

ealde riht écean dryhtne

ancient commandments, he had

bitre ʒebulʒe·

bitterly angered

the Lord everlasting: with lorn

breóst innan weóll þeóstrum

meditations his bosom welled in:

ʒeþoncum swá him ʒeþýwe ne wæs.

ward, as was nowise his custom.

hæfde liʒðraca leóda fæsten

The fire-spewing dragon fully had

ealond útan eorðweard done

wasted the fastness of warriors,
gledum forgrunden·
the water-land outward, the manor
him ðæs guðkyning
with fire. The folk-ruling hero,

Prince of the Weders, was planning
Wedera þioden wræce leornode·
to wreak him. The warmen's defen:
heht him þa gewyrcean, wigendra
der bade them to make him, Atheling
hleo eallirenne, eorla
of earlmen, an excellent war-shield
dryhten, wigbord wrætlic· wisse
wholly of iron: fully he knew then
he gearwe þæt him holtwudu
that wood from the forest was help:
helpan ne meahte
less to aid him,

Shield against fire. The long-worthy
lind wið lige. Sceolde lifenddaga
Ruler must live the last of limited
æþeling ærgod ende gebidan
earth-days, of life in the world and
worulde lifes ond se wyrm
the worm along with him, though he
somod þeah ðe hordwelan
long had been holding hoard-wealth
heolde lange. Oferhogode
in plenty. Then the ring-prince dis:
ða hringa fengel
dained to seek with a war-band,

With army extensive, the air-going
þæt he þone widflogan weorode
Ranger; he felt no fear of the foe:
gesohte siðan herge· no he him þam
man's assaults and he counted for
sæcce ondred ne him þæs wyrmes wig
little the might of the dragon, his
for wiht dyde eafoð ond ellen forðon
power and prowess: for previously

he ær fela neaþo
dared he a heap of hostility, haz:
neðende niða gedigde
Atheling dangers,

war-thane, when Hrothgar's pal:
hildehlemma syððan he Hroðgares
ate he cleansèd, conquering combat:
sigoreadig sele fælsode
ant, clutched in the battle the kins:
ond æt guðe forgrap Grendeles
men of Grendel, of kindred detested.
mæzum laðan cynnes. No þæt
'Twas of hand-fights not least
laesest wæs hondgemota þær
where Higelac was slaughtered,
mon Hygelac sloh syððan Geata
when the king of the Geatmen with
cyning guðe ræsum
clashings of battle,

friend-lord of folks in Frisian dom:
freawine folca Freslondum on
ions, offspring of Hrethrel perished
Hreðles eafora hiorodryncum swealt
through sword-drink, with battle-
bille gebeaten· þonan
swords beaten; thence Beowulf came
Biowulf com sylfes cræfte·
then on self-help relying, swam
sundnytte dreah· hæfde him on
through the waters; he bare on his
earme eorla þritig hildegeatwa
arm, lone-going, thirty outfits of
þa he to holme stag·
armor, when the ocean he mounted.

The Hetwars by no means had need
nealles Hetware hremge
be boastful of their fighting afoot,
þorfton to fedewiges þe him
who forward to meet him carried
foran ongean linde bæron·

their war-shields: not many retur-
lyt eft becwom fram þam
ned from the brave-mooded battle-
hildfrecan hames mosan.
knight back to their homesteads.

Ecgtheow's bairn o'er the bight-
Oferswam ða sioleða bigong sunu
courses swam then, lone-goer lorn to
Ecgðeowes earm anhaga eft to
his land-folk returning, where Hygd
leodum þam him Hygd gebead hord
to him tendered treasure and king:
ond rice beagas ond bregostol:
dom, rings and dominion: her son she
bearne ne truwode þæt he wið
not trusted, to be able to keep the
ælfylcum eþelstolas
kingdom devised him

Against alien races, on the death of
healdan cuðe ða wæs Hygelac dead.
king Hygelac. Yet the sad ones succ-
no ðy ær feasceafte findan meahton
eeded not in persuading the atheling
æt ðam æðelinge ænige ðinga
in any way ever, to act as a suze-
þæt he Heardrede hlaford wære
rain to Heardred, or promise to
oððe þone cynedom ciosan wolde.
govern the kingdom; yet with friendly
hwæðre he him on folce freondlarum heold
counsel in the folk he sustained him,

gracious, with honor, all he grew to
estum mid are oð ðæt he yldra wearð
be older, wielded the Weders. Woe-
Weder-Geatum weold. Hyne wræcmæcgas
fleeing outlaws, Ohthere's sons, him
ofer sae sohtan, suna Ohteres.
sought o'er the waters: they had
hæfdon hy forhealden helm Scylfinga
stirred a revolt 'gainst the helm of
þone selestan saecyninga

the Scylfings, the best of the sea-
þara ðe in Swiorice sinc brytnade,
kings, who in Swedish dominions

Distributed treasure, distinguished
mærne þeoden. him þæt to mearce wearð.
folk-leader. 'Twas the end of his
he þær for feorme feorhwunde hleat
earth-days; injury fatal by swing of
sweordes swengum sunu Hygelaces
the sword he received as a greeting,
ond him eft gewat Ongendioes
offspring of Higelac; Ongentheow's
bearn hames mosan syððan
bairn later departed to visit his
Heardred læg. let ðone bregostol
homestead, when Heardred was
Biowulf healdan, Geatum wealdan.
dead; let Beowulf rule them, govern
þæt wæs god cyning.
the Geatmen: good was the folk-king.

He planned requital for the
Se ðæs leodhryres
folk-leader's ruin in days
lean gemunde uferan
there-after, to Eadgils the wret-
dogrum. Eadgilse weard
ched becoming an enemy. Ohtehere's
feasceaftum freond. folce gestepte
son then went with a war-troop
ofer sae side sunu Ohteres
o'er the wide-stretching currents

With warriors and weapons:
wigum ond waepnum. he
with woe-journeys cold he after
gewræc syððan cealdum ceapsiðum.
avenged him, the king's life he took.

cyning ealdne bineat: swa he mða
so he came off uninjured from all of
gehwane genesen hæfde slðpa
his battles, perilous fights, offspring
geslyhta, sunu Ecgðiowes,
of Ecgtheow, from his deeds of
ellenweorca oð ðone anne dæg
daring, all that day most momentous

When he fate-driven fared to fight
þe he wið þam wyrme gewegan sceolde.
with the dragon. With eleven compa-
Gewat þa twelfa sum torne gebolgen
nions the prince of the Geatmen went
dryhten Geata, dracan sceawian·
lowering with fury to look at the
hæfde þa gefrunen hwanan
fire-drake: inquiring he'd found how
sio faehð aras bealonð biorna:
the feud had arisen, hate to his
him to bearme cwom
heroes; the highly-famed gem-vessel

was brought to his keeping through
maðþumfæt maere, þurh ðæs
the hand of the informer. That in
meldan hond· se wæs on ðam
the throng was thirteenth of heroes,
ðreate þreotteoða secg se
that caused the beginning of conflict
ðæs orleges or onstealde
so bitter, captive and wretched,
hæft hygegiomor· sceolde
must sad-mooded thenceward
hean ðonon wong wisian·
point out the place: he passed then
he ofer willan giong
unwillingly
to the spot where he knew of the
to ðæs ðe he eorðsele anne wisse
notable cavern, the cave under earth

hlaew under hrusan holmwylme neh
not far from the ocean, the anger of
yðgewinne· se wæs innan
eddies, which inward was full of
full wraetta ond wira·
jewels and wires: warden uncanny,
weard unhiore gearo guðfreca
warrior weaponed, warded the
goldmaðmas heold
treasure,

Old under earth; no easy possession
eald under eorðan· næs þæt yðe ceap
for any of earth-folk access to get
to gegangenne gumena aenigum.
to. Then the battle-brave atheling
Gesæt ða on næsse niðheard cyning·
sat on the naze-edge, while the gold-
þenden haelo abead heorðgeneatum
friend of Geatmen gracious saluted
goldwine Geata· him wæs
his hresðe-companions: woe was
geomor sefa
his spirit,

death-boding, wav'ring; Wyrd very
waefre ond wælfus, wyrd ungemete neah
near him, who must seize the old
se ðone gomelan gretan sceolde,
hero, his soul-treasure look for,
secean sawle hord, sundur gedaelan
dragging aloof his life from his body:
lif wið lice· no þon lange wæs
not flesh-hidden long was the folk-
feorh æþelinges flaesce bewunden.
leader's spirit. Beowulf spake,
Biowulf maþelade bearn Ecgðeowes:
Ecgtheow 's son:

I survived in my youth-days many a
Fela ic on giogoðe guðraesa genæs
conflict, hours of onset: that all I
orleghwila· ic þæt eall gemon·
remember. I was seven-winters old

ic wæs syfanwintre þa mec sinca

when the jewel-prince took me, high-

baldor freawine folca æt minum

lord of heroes, at the hands of my

fæder genam· heold mec ond

father, Hrethel the hero-king had

hæfde Hreðel cyning·

me in keeping,

geaf me sinc ond symbel·

gave me treasure and feasting, our

kinship remembered; not ever was I

sibbe gemunde· næs ic him to life

any less dear to him knight in the

laðra owihte beorn in burgum þonne

boroughs, than the bairns of his

his bearna hwylc Herebeald ond

household, Herebald and Hæthcyn

Hæðcyn oððe Hygelac min·

and Hygelac mine. To the eldest

Wæs þam yldestan ungedefelice

unjustly by acts of a kinsman

mæges dædum morþorbed stred

was murder-bed strewn, since him

syððan hyne Hæðcyn of

Hæthcyn from horn-bow one of the

hornbogan his freawine flane

brothers accidentally kills another.

his sheltering chieftain shot with an

geswencte· miste mercelses ond

arrow, erred in his aim and injured

his mæg ofscet broðor oðerne

his kinsman, one brother the other,

blodigan gare· þæt wæs feohleas

with blood-sprinkled spear: 'twas

gefeoht fyrenum gesyngad,

a feeless fight, finished in malice,

sad to his spirit; the folk-prince

hreþre hygemeðe· sceolde hwæðre swa

however had to part from existence

þeah æðeling unwrecen ealdres linnan·

with vengeance untaken. So to hoar-

Swa bið geomorlic gomelum ceorle

headed hero 'tis heavily crushing to

to gebidanne þæt his byre ride

live to see his son as he rideth young

giong on galgan· þonne he

on the gallows: then measures he

gyd wrece,

chanteth,

A song of sorrow, when his son is

sarigne sang þonne his sunu hangað

hanging for the raven's delight, and

hrefne to hroðre ond he him helpan ne mæg

aged and hoary he is unable to

eald ond infrod aenige gefremman·

offer any assistance. Every morning

symble bið gemyndgad morna gehwylce

his offspring's departure is constant

eaforan ellorsið· oðres ne gymeð

recalled: he cares not to wait for

the birth of an heir in his borough-

to gebidanne burgum in innan

enclosures, since through death-pain

yrfeweardas þonne se an hafað

that one the deeds hath experienced.

þurh deaðes nyd daeda gefondad·

he heart-grieved beholds in the

gesyhð sorhcearig on his suna bure

house of his son the wine-building

winsele westne windge reste

wasted, the wind-lodging places

reafod of their roaring; the riders

reote berofene· ridend swefað

are sleeping, the knights in the grave;

hæleð in hoðman· nis þær hearpan

there's no sound of the harp-wood,

sweg gomen in geardum swylce

joy in the yards, as of yore were

ðær iu wæron·

familiar.

he seeks then his chamber,
gewiteð þonne on sealman·
singeth a woe-song one for
sorhleoð gæled an æfter anum·
the other; all too extensive seemed
þuhte him eall to rum wongas
homesteads and plains. So the helm
ond wicstede. Swa Wedra helm
of the Weders mindful of Herebald
æfter Herebealde heortan sorge
heart-sorrow carried,

Stirred with emotion, nowise was
weallinde, wæg: wihte ne meahte
able to wreak his ruin on the ruth:
on ðam feorhbonan fæghðe gebetan·
less destroyer: he was unable to fo:
no ðy ær he þone heaðorinc hatian
Now the warrior with hatred, with
ne meahte laðum daedum þeah him
deeds that were direful, though dear
leof ne wæs· he ða mid þære sorhge
he not held him. Then pressed by
þe him sio sar belamp
the pang this pain occasioned him,

he gave up glee, God-light elected;
gumdream ofgeaf· godes leoht
he left to his sons, as the man that
geceas· eaferum laefde swa
is rich does, his land and fortress,
deð eadig mon lond ond leodbyrig
when from life he departed. Then
þa he of life gewat· Þa wæs synn
was crime and hostility 'twixt
ond sacu Sweona ond
Swedes and Geatmen, o'er wide-
Geata ofer wið wæter
stretching water warring was
wroht gemaene
mutual,

burdensome hatred, when Hrethel
hereniþ hearda syððan Hreðel swealt
had perished, and Ongentheow's
oððe him Ongendeowes eaferan waeran
offspring were active and valiant,
frome fyrdhwate· freode ne woldon
wished not to hold to peace over:
ofer heafo healdan ac ymb Hreosnabeorh
sea, but round Hreosna-beorh often
eatolne inwitscear oft gefremedon
accomplished cruelest massacre.
þæt mæzwine mine gewraecan,
This my kinsman avenged,

The feud and fury, as 'tis found on
faehðe ond fyrene swa hyt
inquiry, though one of them paid it
gefraege wæs þeah ðe oðer his
with forfeit of life-joys, with price
ealdre gebohte heardan ceape·
that was hard: the struggle became
hæðcynne weard Geata dryhtne
then fatal to Hæthcyn, lord of the
guð onsaege. Þa ic on morgne
Geatmen. Then I heard that at morn
gefraegn mæg oðerne
one brother the other

with edges of irons egged on to
billes ecgum on bonan staelan
murder, where Ongentheow maketh
þaer Ongenþeow Eofores niosað·
onset on Eofor: the helmet crashed,
guðhelm toglad· gomela Scylfing
the hoary-haired Scylfing sword-
hreas heaþoblac· hond gemunde
smitten fell, his hand then remem:
faehðo genoge· feorhsweng
bered feud-hate sufficient, refused
ne ofteah.
not the death-blow.
The gems that he gave me, with
Ic him þa maðmas þe he me sealde

jewel-bright sword I 'guided in con-
geald æt guðe swa me gifeðe wæs
test, as occasion was offered: land
leohtan sweorde· he me lond forgeaf
he allowed me, life-joy at home-
eard eðelwyn· næs him ænig þearf
stead, manor to live on. Little he
þæt he to Gifðum oððe to Gar-Denum
needed from Gifthas or Danes or in
oððe in Swiorice secean þurfe
Sweden to look for

Trooper less true, with treasure
wyrsan wigfrecan, weorðe gecypan:
to buy him; 'mong foot-soldiers ever
symle ic him on feðan beforan
in front I would hie me, alone in the
wolde ana on orde ond swa to aldre
vanguard, and evermore gladly war-
sceall sæcce fremman þenden þis
fare shall wage, while this weapon
sweord þolað þæt mec ær ond
endureth that late and early often
sið oft gelæste
did serve me

When I proved before heroes the
syððan ic for dugeðum Dæghrefne
slayer of Dæghren, knight of the hug-
weard to handbonan, Huga cempan·
men: he by no means was suffered
nalles he ða frætwe Frescyninge
to the king of the Frisians to carry
breostweorðunge bringan moste
the jewels, the breast-decoration;
ac in cempan gecrong cumbles hyrde
but the banner-possessor bowed in
æþeling on elne·
the battle, brave-mooded ætheling.

No weapon was slayer, but war-
ne wæs ecg bona ac him
grapple broke then the surge of his

hildegrap heortan wylmas
spirit, his body destroying. How
banhus gebræc. Nu sceall billes
shall weapon's edge make war for
ecg hond ond heard sweord ymb
the treasure, and hand and firm-
hord wigan.' Beowulf maðelode
sword." Beowulf spake then, boast-
beotwordum spræc
words uttered—the latest occasion:

Braved I in my youth-days battles
mehstan siðe: 'Ic geneðde fela
unnumbered; still am I willing to look
guða on geogoðe· gyt ic wylle
for the struggle, fame-deeds perform,
frod folces weard faehðe secan,
folk-warden prudent, if the hateful
maerðum fremman gif mec se mansceaða
despoiler forth from his cavern seek-
of eorðsele ut geseceð.'
eth me out" Each of the heroes,
helm-bearers stardy, he thereupon
Gegrette ða gumena gehwylcne
greeted belovèd co-liegemen—his last
hwate helmberend hindeman siðe
salutation: "No braid would I bear
swaese gesiðas: 'Nolde ic sweord beran
for the dragon, no blade, wist I a
waepen to wyrme gif ic wiste hu wið
way my word-boast to 'complish
ðam aglaecean elles meahte gylpe wiðgripan
else with the monster, as with Gren-
swa ic gio wið Grendle dyde
del I did it;

But fire in the battle hot I expect
ac ic ðaer headufyres hates wene
there, furious flame-burning: so I
reðes ond hattres· forðon ic me on hafu
fixed on my body target and war-
bord ond byrnan· nelle ic beorges weard

maul. The ward of the barrow I'll
  oferfleon fotes trem ac unc
not flee from a foot-length, the foe:
  sceal weorðan æt wealle swa
man uncanny. At the wall 'twill be:
  unc wyrd geteoð
fall us as fate decreeth,

Each one's Creator. I am eager in
  metod manna gehwæs· ic eom on
spirit, with the wingèd war-hero to
  mode from þæt ic wið þone guðflogan
away with all boasting. Bide on the
  gylp ofersitte. Gebide ge on beorge
barrow with burnies protected,
  byrnum werede secgas on searwum
earls in armor, which of us two
  hwæðer sel mæge æfter
may better bear his disaster, when
  wælræse wunde gedygan
the battle is over.

'Tis no matter of yours, and man
  uncer twega· nis þæt eower sið
cannot do it, but me and me only, to
  ne gemet mannes nefne min anes·
measure his strength with the mon:
  Wat he wið æglæcean eofoðo dæle·
ster of malice, might-deeds to 'comp:
  eorlscype efne· Ic mid elne sceall
lish. I with prowess shall gain the
  gold gegangan oððe guð nimeð
gold, or the battle, direful death-
  feorhbealu frecne frean eowerne·'
Woe will drag off your ruler!"

The mighty champion rose by his
  Aras ða bi ronde rof oretta
shield then, brave under helmet, in
  heard under helme· hiorosercean
battle-mail went he 'neath steep-
  bær under stancleofu strengo
rising stone-cliffs, the strength he
  getruwode anes mannes· ne bið swylc

relied on of one man alone: no work
  earges sið.Geseah ða be
for a coward. Then he saw by the
  wealle se ðe worna fela
wall who a great many battles
had lived through, most worthy,
  gumcystum god guða gedigde
when foot-troops collided, stone-
  hildehlemma þonne hnitan feðan·
arches standing, stout-hearted
  stodan stanbogan, stream ut
champion, saw a brook from the
  þonan brecan of beorge· wæs
barrow bubbling out thenceward:
  þære burnan wælm heaðofyrum
The flood of the fountain was
  hat· ne meahte horde neah
fuming with war-flame: not nigh to
  unbyrnende ænige hwile
the hoard, for season the briefest

Could he brave, without burning, the
  deop gedygan for dracan lege.
abyss that was yawning, the drake
  Let ða of breostum ða he
was so fiery. The prince of the We:
  gebolgen wæs Wedergeata leod
ders caused then that words came
  word ut faran· stearcheort styrmde·
from his bosom, so fierce was his
  stefn in becom heaðotorht hlynnan
fury; the firm-hearted shouted: his
  under harne stan·
battle-clear voice came in resounding

'Neath the gray-colored stone.
  hete wæs onhrered· hordweard
Starred was his hatred, the hoard-
  oncniow mannes reorde· næs
ward distinguished the speech of a
  ðær mara fyrst freode to friclan·

man; time was no longer to look out
from æþest cwom orud
for friendship. The breath of the
aglaecean ut of stane hat
monster issued forth first, vapory
hildeswat. hruse dynede.
war-sweat, out of the stone-cave:
The earth re-echoed. 'Neath the
biorn under beorge bordrand onswaf
barrow the earl upted his shield,
wið ðam gryregieste Geata
lord of Geatmen, tow'rd the terrible
dryhten-ða wæs hringbogan heorte
stranger: the ring-twisted creature's
gefysed sæcce to seceanne.
heart was then ready to seek for a
sweord aer gebræd
struggle. The excellent battle-king
god guðcyning gomele lafe
first brandished his weapon,
The ancient heirloom, of edges un-
ecgum ungleaw. aeghwæðrum
blunted, to the death-planners
wæs bealohycgendra broga
twain was terror from other. The
fram oðrum. stiðmod gestod wið
lord of the troopers intrepidly stood
steapne rond winia bealdor ða
then 'gainst his high-rising shield,
se wyrm gebeah snude tosomne
when the dragon coiled him quickly
he on searwum bad.
together: in corslet he bided.

he went then in blazes, bended and
gewat ða byrnende gebogen scriðan,
striding, hasting him forward. Life
his to gescipe scyndan.
and body the targe well protected,
scyld wel gebearg life ond lice
ted, for time-period shorter than
laessan hwile maerum þeodne þonne

wish demanded for the wide-famed
his myne sohte. ðær he þy
leader, where he then for the first
fyrste forman dogore
day was forced to be victor,
Famous in battle, as fate had not
wealdan moste swa him wyrd ne gescraf
willed it. The lord of the Geatmen
hreð æt hilde: hond up abraed
uplifted his hand then, smiting the
Geata dryhten. gryrefahne sloh
fire-drake with sword that was
incgelafe þæt sio ecg gewac
precious, that bright on the bone
brun on bane. bat unswiðor
blade-edge did weaken, bit more
þonne his ðiodcyning þearfe hæfde
feebly than his folk-leader needed,

burdened with bale-griefs. Then the
bysigum gebaeded. Þa wæs
barrow-protector, when the sword-
beorges weard æfter heaðuswenge
blow had fallen, was fierce in his
on hreoum mode-weapp wælfyre.
spirit, flinging his fires, flamings of
wide sprungon hildeleoman.
battle gleamed then afar: the gold-
hreðsigora ne gealp goldwine
friend of Weders boasted no con-
Geata. guðbill geswac
quests, his battle-sword failed him
Naked in conflict, as by no means it
nacod æt niðe swa hyt no sceolde
ought to, long-trusty weapon. 'Twas
iren aergod. ne wæs þæt eðe sið
no slight undertaking that Ecgtheow's
þæt se maera maga Ecgðeowes
famous offspring would leave the
grundwong þone ofgyfan wolde.

drake-cavern's bottom; he must live
sceolde willan wic eardian
in some region other than this, by
elles hwergen·
the will of the dragon,
As each one of earthmen existence
swa sceal aeghwylc mon
must forfeit. 'Twas early thereaf-
alaetan laendagas. Næs ða
ter the excellent warriors met with
long to ðon þæt ða aglaecean hy eft
each other. Anew and afresh the
gemetton:hyrte hyne hordweard·
hoard-ward took heart (gasps
hreðer aeðme weoll niwan stefne·
heaved then his bosom): sorrow he
nearo ðrowode fyre befongen
suffered encircled with fire
Who the people erst governed. his
se ðe aer folce weold·
companions by no means were bart-
Nealles him on heape handgesteallan
ed about him, bairns of the princes,
æðelinga bearn ymbe gestodon
with valorous spirit, but they sped
hildecystum ac hy on holt bugon·
to the forest, seeking for safety. The
ealdre burgan· hiora in anum weoll
soul-deeps of one were ruffled by
sefa wið sorgum· sibb' aefre ne mæg
care: kin-love can never aught in him
wiht onwendan þam ðe wel þenceð·
waver who well doth consider.

The son of Weohstan was Wig-
Wiglaf wæs haten
laf entitled, shield-fighter
Weoxstanes sunu
precious, prince of the Scylfings,
leoflic lindwiga leod Scylfinga
Ælfhere's kinsman: he saw his dear

maeg Ælfheres· geseah his mondryhten
liegelord enduring the heat 'neath
under heregriman hat þrowian·
helmet and visor.
When he minded the boding that
gemunde ða ða are þe
erst he had given him, the Wægmun-:
he him aer forgeaf wicstede
ding warriors' wealth-blessèd
weligne Waegmundinga, folcrihta
homestead, each of the folk-rights
gehwylc swa his faeder ahte·
his father had wielded; he was hot
ne mihte ða forhabban· hond
for the battle, his hand seized the
rond gefeng geolwe linde·
target, the yellow-bark shield, he
gomelswyrd geteah·
unsheathed his old weapon,

Which was known among earthmen
þæt wæs mid eldum Eanmundes laf
as the relic of Eanmund, Ohthere's
suna Ohtere· þam æt sæcce wearð
offspring whom, in friendless exile,
wræcca wineleasum Weohstanes bana
Weohstan old slay with sword-edge
meces ecgum ond his magum ætbær
in battle, and carried his kinsman
brunfagne helm hringde byrnan
the clear-shining helmet, the ring-
ealdsweord eotonisc·
made byrnie, the old giant-weapon

That Onela gave him, his kinsman's
þæt him Onela forgeaf his
armor, ready war-trappings: he the
gaedelinges guðgewaedu fyrdsearo
feud old not mention, though he'd
fuslic· no ymbe ða faehðe spræc

fatally smitten the son of his bro-
þeah ðe he his broðor bearn abredwade·
ther. Many a half-year held he
he frætwe geheold fela missera
the treasures, the bill and burnie,
bill ond byrnan oð ðæt his byre mihte
all his bairn became able,
Like his father before him, fame-
eorlscipe efnan swa
deeds to 'complish; then he gave him
his ærfæder· geaf him ða
'mong yeomen a goodly array of
mid Geatum guðgewæda æghwæs
weeds for his warfare; he went
unrim þa he of ealdre gewat
from life then old on his journey.
frod on forðweg· Þa wæs
'twas the earliest time then that
forma sið geongan cempan
the youthful champion might charge
þæt he guðe ræs
in the battle
Aiding his liegelord; his spirit was
mid his freodryhtne fremman sceolde·
dauntless. Nor did kinsman's
ne gemealt him se modsefa ne his mæzenes
bequest quail at the battle: this the
laf gewac æt wize· þa se wyrm onfand
dragon discovered on their coming to-
syððan hie togædre gegan hæfdon·
gether. Wiglaf uttered many a right-
Wiglaf maðelode· wordrihta fela
saying, said to his fellows, sad was
sægde gesiðum —him wæs sefa geomor—:
his spirit:
Remember I well the time when, 'tas-
'Ic ðæt mæl geman þær we medu þegun
ant the mead-cup, we promised in
þonne we geheton ussum hlaforde
the hall the lord of us all who gave
in biorsele ðe us ðas beagas geaf
us these ring-treasures, that this

þæt we him ða guðgetawa gyldan woldon
battle-equipment, swords and helms
zif him þyslicu þearf gelumpe,
we'd certainly quite him, should
helmas ond heard sweord·
need of such aid ever befall him:

In the war-band he chose us for
ðe he usic on herge geceas
this journey spontaneously, stirred
to ðyssum siðfate sylfes willum·
us to glory and gave me these jewels,
onmunde usic mærða ond me þas
since he held and esteemed us trust-
maðmas geaf þe he usic garwigend n
worthy spearmen, hardy helmet-
gode tealde hwate helmberend
bearers, though this hero-achieve-
þeah ðe hlaford us þis
ment our lord intended alone to
ellenweorc ana aðohte
accomplish,
ward of his people, for most of
to gefremmanne, folces hyrde,
achievements, doings audacious, he
forðan he manna mæst mærða
did among earth-folk. The day is
gefremede dæda dollicra· Nu is
now come when the ruler of earth-
se dæg cumen þæt ure mandryhten
men needeth the vigor of valiant
mæzenes behofað godra guðrinca·
heroes: let us wend us towards him,
wutun gongan to
the war-prince to succor,

While the heat yet rageth, horrible
helpan hildfruman þenden hyt sy
fire-fight. God wot in me, 'tas mickle
gledegesa grim. God wat on mec

the liefer the blaze should embrace
þæt me is micle leofre þæt minne lichaman
my body and eat it with my gold-
mid minne goldgyfan gled fædmie·
bestower. Meseemeth not proper to
ne þynced me gerysne þæt we rondas beren
bear our battle-shields back to our
eft to earde
country,

Unless first we are able to fell and
nemne we aeron mægen
destroy the long-hating foeman, to
fane gefyllan, feorh ealgian
defend the life of the prince of the
Wedra ðeodnes. ic wat geare
Weders. Well do I know 'tisn't
þæt naeron ealdgewyrht þæt he ana scyle
earned by his exploits, he only of
Geata duguðe gnorn þrowian,
Geatmen sorrow should suffer, sink
gesigan æt sæcce·
in the battle:

brand and helmet to us both shall
urum sceal sweord ond helm
be common, shield-cover, burnie."
byrne ond byrduscrud bam gemaene.'
Through the bale-smoke he stalked
Wod þa þurh þone wælrec· wigheafolan bær
then, went under helmet to the help
frean on fultum· fea worda cwæð:
of his chieftain, briefly discoursing:
'Leofa Biowulf, laest eall tela
"Beowulf dear, perform thou all
swa ðu on geoguðfeore geara gecwaede
fully, as thou formerly saidst,

When in thy youthful years, that
þæt ðu ne alaete be ðe lifigendum
while yet thou livedst thou wouldst
dom gedreosan· scealt nu
let thine honor not ever be lessened.

daedum rof, æðeling anhydig,
Thy life thou shalt save, mighty in
ealle mægene
actions, atheling undaunted, with all
feorh ealgian· ic ðe fullaestu.'
thy vigor; I'll give thee assistance."
Æfter ðam wordum wyrm yrre cwom
The dragon came raging,

wild-mooded stranger, when these
atol inwitgæst oðre siðe
words had been uttered - 'twas the
fyrwylmum fah fionda niosian
second occasion- seeking his enemies,
laðra manna. lig yðum for·
hated men, with hot-gleaming fire-
born bord wið rond· byrne ne
waves; with blaze-billows burned
meahte geongum garwigan
the board to its edges: the fight-mail
geoce gefremman
failed then to furnish support

to the youthful spear-hero: but
ac se maga geonga under
the young-aged stripling quickly ad-
his maeges scyld elne
vanced 'neath his kinsman's war-
geeode þa his agen wæs
target, since his own had been
gledum forgrunden. þa gen
ground in the grip of the fire. Then
guðcyning miht gemunde·
the warrior-king was careful of
mægenstrengo sloh hildebille
glory, he stoutly smote with sword-
þæt hyt on heafolan
for-the-battle,

That it stood in the head by hatred
stod niþe genyded. Nægling
driven; Hrunting was shivered, the old
forbærst· geswac æt sæcce

and iron-made brand of beowulf in
sweopd Biowulfes zomol ond zpæzmæl·
battle deceived him. 'Twas denied
him þæt zipeðe ne wæs þæt him
him that edges of irons were able to
irenna ecze mihton helpan æt hilde:
help in the battle; the hand was
wæs sio hond to stponz
too mighty

Which every weapon, as I heard on
se ðe meca zehwane mine zeppæze
inquiry, outstruck in its stroke, when
swenze ofepsohte þonne he to
to struggle he carried the wonderful
sæcce bæp wæpen wundum heapd
war-sword: it waxed him no better.
næs him wihte ðe sel. Þa wæs
Then the people-despoiler— third
þeodsceaða þriddan siðe fpecne
of his onsets— fierce-raging fire-
fypdpaca faehða zemyndiz·
drake, of feud-hate was mindful,

Charged on the strong one, when
paesde on ðone pofan þa him pum
chance was afforded, heated and
azeald hat ond heaðozpim heals
war-grim, seized on his neck with
ealne ymbepenz biteran banum·
teeth that were bitter; he bloody did
he zeblodezod weapð sawuldpiope·
wax with soul-gore seething; sword-
swat yðum weoll.
blood in waves boiled.

THEN I heard that
Da ic æt þeappe
at need of the king
zeffpæzn þeodcyninzes
of the people the upstanding

andlonzne eopl ellen cyðan
earlman exhibited prowess, vigor
cpæft ond cenðu swa him zecynde wæs·
auto courage, as suited his nature; he
ne hedde he þæs heapolan ac sio hand zebapn
his head did not guard, but the
modizes mannes
high- minded liegeman's

hand was consumed, when he succ-
þaen he his mæzenes healp
ored his kinsman, so he struck the
þæt he þone mazæst nioðop hwene sloh,
strife-bringing strange-comer lower,
secz on seapwum þæt ðæt
earl-thane in armor, that in went
fah ond sweopd zedeaf
the weapon gleaming and plated,
faeted þæt ðæt fyp onzon swedpian
that 'gan then the fire later to
syððan. Þa zen sylf cyninz
lessen. The liegelord himself then

Retained his wits, brandished his
zeweold his zewitte· wællseaxe
war-knife, battle-sharp and bitter,
zebpaed biten ond beadusceapp
that he bore on his armor: the weo-
þæt he on bypnan wæz· fopwpat
er's lord cut the worm in the middle.
Wedpa helm wypm on middan.
They had felled the enemy-life
Feond zefyldan —feph ellen wpæc—
drove out then puissant prowess-
ond hi hyne þa bezen abpoten hæfdon,
the pair had destroyed him,

land-chiefs related: so a liegeman
sibæðelinzas· swylc sceolde
should prove him, a thaneman when
secz wesan þezn æt ðeapfe.
needed. To the prince 'twas the last
þæt ðam þeodne wæs siðas

of his era of conquest by his own
sigehwíle sylfes daedum,
great achievements, the latest of
worlde geweorces. Ða sío
world-deeds. The wound then began
wund ongon þe him se
which the earth-dwelling dragon
eorðdraca aeʃ gewrohte
erstwhile had wrought him

To burn and to swell. He soon then
swelan ond swellan· he þæt sóna
discovered that bitterest bale-woe
onfand· þæt him on breóstum
in his bosom was raging, poison
bealoníð weóll attor on innan. Ða·
within. The atheling advanced then,
se æðeling giong þæt he bi wealle
that along by the wall, he prudent
wíshycgende gesæt on sesse·
of spirit might sit on a settle; he
seah on enta geweorc·
saw the giant-work,

how arches of stone strengthened
hu ða stánbogan stapulum fæste
with pillars the earth-hall eternal
éce eorðreced innan healden.
inward supported. Then the long-
hyne þa mid handa heorodreorigne
worthy liegeman laved with his
þeoden maerne þegn
hand the far-famous chieftain, gory
ungemete till winedryhten his
from sword-edge, refreshing the face
wætere gelafede
of his friend-lord and ruler,

Sated with battle, unbinding his hel:
hilde sædne ond his helm onspeon·
met. Beowulf answered, of his injury
Bíowulf maþelode· he ofer benne spræc,
spake he, his wound that was fatal
wunde wælbleate —wisse he gearwe

(He was full aware he had lived his
þæt he dæghwíla gedrogen hæfde
allotted life-days enjoying the joys
eorðan wynne· ða wæs eall sceacen
of earth; then past was entirely

his measure of days, death very
dogorgerimes, dead ungemete neah—:
near): "My son I would give now my
'Nu ic suna minum syllan wolde
battle-equipments, had any of heirs
guðgewaedu þær me gifeðe swa
been after me granted, along of my
aenig yrfeweard æfter wurde
body. This people I governed fifty of
líce gelenge· ic ðas leode heold
winters: no king 'mong my neighbors
fiftig wintra· næs se folccyning
dared to encounter me with battle-
ymbesittendra aenig ðara
comrades,

Try me with terror. The time to me
þe mec guðwinum gretan dorste,
ordered I bided at home, mine own
egesan ðeön· ic on earde bad
kept fitly, sought me no snares,
maelgesceafta· heold min tela·
swore me not many oaths in injustice.
ne sohte searoníðas ne me swor fela
Joy over all this I'm able to have,
aða on unriht· ic ðæs ealles mæg
though ill with my death-wounds;
feorhbennum seoc gefeán habban
hence the ruler of earthmen need not
forðam me witan ne ðearf Waldend fira
charge me with the killing of kinsmen,

When cometh my life forth from my
morðorbealo maga þonne min sceaceð
body. Fare thou with haste now to
líf of líce. Nu ðu lungre geong

behold the hoard 'neath the hoary-
hord sceawian under harne stan,
gray stone, well-loved Wiglaf, now
Wiglaf leofa, nu se wyrm ligeð,
the worm is a-lying, sore-wounded
swefeð sare wund since bereafod
sleepeth, disseized of his treasure.

So thou in haste that treasures of
bio nu on ofoste þæt ic ærwelan
old I, gold-wealth may gaze on, to:
goldæht ongite· geara sceawige
gether see lying the sky-bright jewels,
swegle searogimmas þæt ic ðy seft mæge
be easier able, having the heap of
æfter maððumwelan min alætan
hoard-gems, to yield life and land-
lif ond leodscipe þone ic longe heold.'
folk whom long I have governed."

Then heard I that
ða ic snude
Wihstan's son very
gefrægn sunu Wihstanes
quickly, these words being
æfter wordcwydum
uttered, heeded his liegelord wound-
wundum dryhtne hyran heaðosiocum,
ded and war-sick, went in his arm-
hringnet beran bryogdne
or, his well-woven ring-mail, 'neath
beadusercean under beorges hrof.
the roof of the barrow.

Then the trusty retainer treasure-
Geseah ða sigehreðig þa he bi
gems many victorious saw, when the
sesse geong magoþegn modig
seat he came near to, gold-treasure
maððumsigla fealo, gold glitinian
sparkling spread on the bottom,

grunde getenge wundur on wealle
wonder on the wall, and the worm-
ond þæs wyrmes denn ealdes uhtflogan,
creature's cavern, the ancient dawn-
orcas stondan
flier's, vessels a-standing,

Cups of the ancients or cleansers be:
fyrnmanna fatu feormendlease
reavèd, robbed of their ornaments:
hyrstum behrorene· þær wæs
there were helmets in numbers, old
helm monig eald ond omig,
and rust-eaten, arm-bracelets,
earmbeaga fela searwum gesæled —
many artfully woven. Wealth can
since eaðe mæg gold on grunde
easily, gold on the sea-bottom, turn
gumcynnes gehwone
into vanity

Each one of earthmen, arm him
oferhigian hyde se ðe wylle—
who pleaseth! and he saw there
swylce he siomian geseah segn
lying an all-golden banner high o'er
eallgylden heah ofer horde, hondwundra
the hoard, of hand-wonders
mæst gelocen leoðocræftum· of
greatest, linkèd with laces: a light
ðam leoman stod þæt he þone
from it sparkled, that the floor of
grundwong ongitan meahte,
the cavern he was able to look on,

to examine the jewels. Sight of the
wræte giondwlitan· næs ðæs wyrmes
dragon not any was offered, but edge
þær onsyn ænig ac hyne ecg fornam.
offcarried him. Then I heard that
ða ic on hlæwe gefrægn hord reafian
the hero the hoard-treasure plunto:

ered, the giant-work ancient reaved

eald enta geweorc anne mannan,

in the cavern, bare on his bosom the

him on bearm hlodon bunan ond discas

beakers and platters,

as himself would fain have it, and

sylfes dome segn eac genom

took off the standard, the brightest

beacna beorhtost· bill aer gescod

of beacons; the bill had erst injured

—ecg wæs iren— ealdhlafordes

(its edge was iron), the old-ruler's

þam ðara maðma mundbora wæs

weapon, him who long had watched

longe hwile· ligegesan wæg

as ward of the jewels, who fire-

hatne for horde hioroweallende

terror carried hot for the treasure,

rolling in battle, in middlemost dark-

middelnihtum oð þæt he morðre swealt.

ness, all murdered he perished. The

Ar wæs on ofoste eftsiðes georn

messenger hastened, eager to return,

frætwum gefyrðed· hyne fyrwet bræc

hurried by jewels: curiosity urged

hwæðer collenferð cwicne gemette

him if, excellent-mooded, alive he

in ðam wongstede Wedra þeoden

should find the lord of the Weders

Mortally wounded, at the place

ellensiocne þær he hine ær forlet·

where he left him. 'Mid the jewels

he ða mid þam maðmum mærne þioden

he found then the famous old chief-

dryhten sinne driorigne fand

tain, his liegelord belovèd, at his gory

ealdres æt ende· he hine eft ongon

life's-end: he thereupon 'gan to lave

wæteres weorpan oð þæt wordes ord

him with water, all the point of his

breosthord þurhbræc

sword pierced his breast-hoard.

Beowulf spake (the gold-gems he

gomel on giogoðe gold sceawode:

noticed), the old one in sorrow: "For

'Ic ðara frætwa frean ealles

the jewels I look on thanks I utter

ðanc wuldurcyninge wordum

for all to the Ruler, Wielder of Wor-

secge ecum dryhtne þe ic her

ship, with words of devotion, the

on starie þæs ðe ic moste

Lord everlasting, that he let me such

minum leodum

treasures

gain for my people ere death over-

ær swyltdæge swylc gestrynan

took me. Since I've bartered the agèd

nu ic on maðma hord minne

life to me granted for treasure of

bebohte frode feorhlege fremmað

jewels, attend ye henceforward the

gena leoda þearfe· ne mæg ic

wants of the war-thanes; I can wait

her leng wesan· hatað

here no longer. The war-famed bid

heaðomære hlaew gewyrcean

ye to build them a grave-hill,

bright when I'm burned, at the limit

beorhtne æfter bæle æt

of brim-current; as a memory-mark

brimes nosan· se scel to gemyndum

to the men I have governed, aloft it

minum leodum heah hlifian

shall tower on whale's-ness up:

on hrones næsse þæt hit sæliðend

rising that earls of the ocean here

syððan hatan Biowulfes

after may call it Beowulf's barrow,

Bioh ða ðe brentingas

those who barks ever-dashing

from a distance shall drive o'er
  ofer floda genipu feorran drifað.'
the darkness of waters." The bold-
  Dyde him of healse hring gyldenne
mooded troop-lord took from his
  þioden þristhydig· þegne gesealde
neck then the ring that was golden,
  geongum garwigan goldfahne
gave to his liegeman, the youthful
  helm beah ond byrnan·
war-hero, his gold-flashing helmet,
  het hyne brucan well:
his collar and war-mail,

bade him well to enjoy them: "Thou
  'þu eart endelaf usses cynnes
art latest left of the line of our kin:
  Waegmundinga· ealle
orded, of Waegmunding people: Wyrd
  wyrd forsweop mine magas to
hath off-carried all of my kinsmen to
  metodsceafte eorlas on elne·
the Creator's glory, earls in their
  ic him æfter sceal.'
vigor: I shall after them fare."

Twas the last-spoken word by the
  þæt wæs þam gomelan gingæste word
aged liegelord in his musings of spirit
  breostgehygdum aer he bael cure
ere he mounted the fire, the battle-
  hate heaðowylmas· him of hwæðre gewat
waves burning: from him went his
  sawol secean soðfæstra dom.
soul to seek the sainted ones' glory.

It had woefully chanced then the
  Ða wæs gegongen guman
youthful retainer to behold on
  unfrodum earfoðlice þæt he on
earth the most ardent-beloved at
  eorðan geseah þone leofestan lifes
his life-days' limit, lying there help:
  æt ende bleate gebaeran·
less. The slayer too lay there, of
  bona swylce læg
life all bereaved,

horrible earth-drake, harassed
  egeslic eorðdraca ealdre beneafod
with sorrow: the round-twisted
  bealwe gebaeded· beahhordum
monster was permitted no longer to
  leng wyrm wohbogen wealdan
govern the ring-hoards, but edges of
  ne moste ac him irenna ecga
war-swords mightily seized him,
  fornamon, hearde heaðoscearpe
battle-sharp, sturdy leavings of
  homera lafe þæt se widfloga
hammers, that still from his
  wundum stille
wounds

The flier-from-farland fell to the
  hreas on hrusan hordærne neah·
earth hard by his hoard-hall, hied
  nalles æfter lyfte lacende
he at midnight not e'er through the
  hwearf middelnihtum· maðmaehta
air, nor exulting in jewels suffered
  wlonc ansyn ywde ac he
them to see him: but he sank then to
  eorðan gefeoll for ðæs
earthward through the hero-chief's
  hildfruman hondgeweorce.
handiwork. I heard it throve then

Out few in the land of liegemen of
hyþu þæt on lande lyt manna ðah
valor, though of every achievement
mægenagendra mine geþraeþe
bold he had proved him, to run
þeah ðe he daeda gehwæs dyrstig
'gainst the breath of the venomous
waeþe· þæt he wið attorsceaðan
scather, or the hall of the treasure
oneðe geþaeðde oððe hringsele
to trouble with hand-blows, if he
hondum stypede gif he wæccende
watching had found the ward of the
weaþd onfunde
hoard-hall

On the barrow abiding. beowulf's
buon on beorge· Biowulfe wearð
part of the treasure of jewels was
ðryhtmaðma dael deaðe
paid for with death; each of the
forgolden· hæfde aeghwæðre ende
twain had attained to the life-end
gefeped laenan lifes. Næs ða
so unlasting. Not long was the time
lang to ðon þæt ða hildlatan
all the tardy-at-battle returned
holt ofgefan
from the thicket,

The timid truce-breakers ten all
tydre treowlogan tyne ætsomne
together, who durst not before play
ða ne dorston aeþ daþeðum
with the lances in the prince of the
lacan on hyra manðryhtnes
people's pressing emergency; but
miclan þearfe ac hy scamiende
blushing with shame, with shields
scyldas baeþan guðgewaedu þaeþ
they betook them, with arms and
se gomela læg.
armor where the old one was lying:

They gazed upon Wiglaf. he was
wlitan on Wilaf· he gewergad
strong exhausted, foot-going fighter,
sæt feðecempa fþean eaxlum
not far from the shoulders of the
neah· wehte hyne wæcþe·
lord of the people, would rouse him
him wiht ne speow·
with water; no whit did it help him;
ne meahte he on eorðan,
though he hoped for it keenly, he on
ðeah he uðe wel
earth was not able in the leader

Life to retain, and nowise to alter
on ðam frumgare feorh gehealdan
the will of the Wielder; the World-
ne ðæs wealdendes wiht oncirran:
ruler's power would govern the
wolde dom godes daedum raedan
deeds of each one of heroes, as yet
gumena gehwylcum swa he nu
he does. From the young one forth:
gen deð. Þa wæs æt ðam
with then could grim-worded greeting
geongan grim andswaru
be got for him quickly

Whose courage had failed him. Wig-
eðbegete þam ðe aeþ his elne forleas·
laf discoursed then, Weohstan's son,
Wiglaf maðelode Weohstanes sunu
sad-mooded hero, he begins to taunt
secg sariþferð seah on unleofe:
them. Looked on the hated: "he who
'Þæt, la, mæg secgan se ðe wyle
soothness will utter can say that
soð specan· þæt se monðryhten se
the liegelord who gave you jewels,
eow ða maðmas geaf eoredgeatwe þe
the ornament-armor wherein ye are

ge þægn on standað—
standing,

When on ale-bench often he offered
þonne he on ealubence oft gesealde
to hall-men helmet and burnie, the
healsittendum helm ond byrnan,
prince to his liegemen, as best upon
þeoden his þegnum swylce he þrydlicost
earth he was able to find him, that
ower feor oððe neah findan meahte—
he untruly wasted his war-gear
þæt he genunga guðgewaedu
undoubtedly when battle o'ertook
wraðe forwurpe ða hyne wig beget.
him. The troop-king no need had

To glory in comrades; yet God per:
nealles folccyning fyrdgesteallum
mitted him, Victory-Wielder, with
gylpan þorfte· hwæðre him god uðe
weapon unaided himself to avenge,
sigora waldend þæt he hyne sylfne gewræc
when vigor was needed. I was able
ana mid ecge þa him wæs elnes þearf.
life-protection but little to give him
Ic him lifwraðe lytle meahte
in battle, and I 'gan notwithstanding,
ætgifan æt guðe ond ongan swa þeah
helping my kinsman, my strength
ofer min gemet mæges helpan·
over-taxing:

he waxed the weaker when with
symle wæs by sæmra þonne
weapon I smote on my mortal oppo:
ic sweorde drep ferhðgeniðlan
nent, the fire less strongly flamed
fyr unswiðor weoll of gewitte·
from his bosom. Too few protectors
fergendra to lyt þrong ymbe þeoden
came round the king at the critical
þa hyne sio þrag becwom.

moment. How must ornament-taking
hu sceal sincþego ond swyrdgifu
and weapon-bestowing, home-joys
eall eðelwyn eowrum cynne
all, cease for your kindred, food for
lufen aliczean!
the people; each of your warriors

Must needs be bereavèd of rights
Londrihtes mot þære
that he holdeth in landed possess:
mægburge monna aeghwylc
ions, when faraway nobles shall
idel hweorfan syððan æðelingas
learn of your leaving your lord so
feorran gefriczean fleam eowerne
basely, the dastardly deed. Death is
domleasan daed: deað bið sella
more pleasant to every earlman
eorla gehwylcum þonne edwitlif·
than infamous life is!"

Then he charged
heht ða
that the battle be
þæt heaðoweorc
'nounced at the hedge up o'er the
to hagan biodan up ofer eczclif
cliff-edge, where the earl-troopers
þægn þæt eorlweorod morgenlongne
bided the whole of the morning, sad
dæg modgiomor sæt borðhæbbende
mooded sat them, bearers of war-
bega on wenum:
shields, both things expecting the

End of his lifetime and the coming
endedogores ond eftcymes
of the liegelord belovèd. Little was
leofes monnes. Lyt swigode
he silent on news that was known,

c

mwpa spella se ðe næs

who the ness-cliff oto travel, but he

zepað ac he soðlice sæzde

truly discoursed to all that could

opep ealle: 'Nu is

heap: "How the pree-giving priefo-

wilzeopa Weðpa leoða

lord of the folk of the Weders,

The folk-prince of Geatmen, is past

dpyhten Geata deaðbedde pæst

in his death-bed, by the deeds of the

wunað wælpeste wypmes

dragon in death-bed abroeth; along

daedum· him on epn lizeð

with him lieth his life-taking foeman

ealdopzewinna siexbennum seoc:

slain with knife-wounds: he was

sweopðe ne meahte on ðam

wholly unable to injure at all the

azlaecean aenize pinza

ill-planning monster

with bite of his sword-edge. Wiglaf

wunde zewypcean· Wizlaf siteð

is strong, offspring of Wihstaan, up

opep Biowulpe bype Wihstanes

over beowulf, earl o'er another,

eopl opep oðpum

whose end-day hath reached him,

unlipizendum· healdeð hizemaeðum

heafo-watch holdeth o'er heroes

heapoðweapðe leopes ond laðes.

unliving, for friend and for foeman.

Nu ys leoðum wen

The folk now expecteth

A season of strife when the death of

oplezhwile syððan undype

the folk-king to frankmen and fris:

Fponcum ond Fpysum pyll cyninzes

tans in far-lands is published. The

wide weopðeð· wæs sio wpoht scepen

war-hatred waxed warm 'gainst

heapð wið Huzas syððan Hizelac cwom

the hugmen, when higelac came with

fapan plothepze on Fpesna land

an army of vessels faring to fries:

paep hyne Hetwape hilde zehnaezdon·

land, where the frankmen in battle

humbled him bravely with overmight

elne zeeodon mid opepmæzene

and 'complished that the mail-clad

pæt se bypnwiza buzan sceolde·

warrior must sink in the battle, fell

peoll on pedan· nalles ppætwe zeaf

'mid his folk-troop: no pret-gems

ealdop duzoðe· us wæs a syððan

presented the aetheling to earlmen;

Mepewioinzas milts unzypeðe.

aye was denied us Merovingian's

Ne ic te Sweoðeoðe sibbe

mercy. The men of the swedelands

for truce or for truth trust I but

oðe tpeowe wihte ne wene

little; but widely 'twas known that

ac wæs wide cuð þætte

near Ravenswood Ongentheow sun:

Onzendio ealdpe besnyðeðe hæðcen

dered Hæthcyn the Hrethling from

Hpeþlinz wið Hpepnawudu þa pop

life-joys, when for pride overweening

onmeðlan aepest zesohton Geata

the war-scylfings first oto seek the

leode Guð-Scilpinzas

geatmen with savage intentions.

Early did Ohthere's age-laden

sona him se ppoda pædep Ohtepes

father, old and terrible, give blow in

eald ond ezespull hondslyht azeap·

requital, killing the sea-king, the

abpeot bpimwisan· bpyða hepode·

queen-mother rescued, the old one

ʒomela iomeowlan ʒolde berorene
his consort deprived of her gold,
Onelan moðor ond Ohtheres
Onela's mother and Ohthere's also,
ond ða folʒode feorhʒeniðlan
and then followed the feud-nursing
oð ðæt hi oðeodon earfoðlice
foemen all hardly, reaved of their
ruler, they Ravenswood entered.
in Hrefnesholt hlafordlease.
Then with vast-numbered forces he
besæt ða sinherʒe sweorda lafe
assaulted the remnant, weary with
wundum werʒe. wean oft ʒehet
wounds, woe often promised the live
earmre teohhe ondlonʒe niht.
long night to the sad-hearted war-
cwæð: he on merʒenne meces ecʒum
troop: and he at morning would kill
ʒetan wolde, sum on ʒalʒtreowum
them with edges of weapons, some
fuʒlum tó ʒamene.
on the gallows for glee to the fowls.

Aid came after to the anxious-in-
frofor eft ʒelamp sarigmodum
spirit at dawn of the day, after
somod ærdæʒe syððan hie
Higelac's bugle and trumpet-sound
Hyʒelaces horn ond byman ʒealdor
heard they, when the good one pro:
onʒeaton þa se ʒoda com,
ceeded and faring followed the
leoda duʒoðe on last faran.
flower of the troopers.

The blood-stained trace
Wæs sio swatswaðu
of Swedes and Geat-
Swona ond Geata wælræs weora
men, the death-rush of warmen,

wide ʒesyne. hu ða folc
widely was noticed, how the folks
mid him faehðe towehton.
with each other feud did awaken.
ʒewat him ða se ʒoda mid
The worthy one went then with
his ʒædelinʒum
well-beloved comrades,

Old and dejected to go to the fast-
frod felaʒeomor fæsten secean.
ness, Ongentheow earl upward then
eorl Onʒenþio upon oncirde.
turned him; of Higelac's battle he'd
hæfde Hiʒelaces hilde ʒefrunen
heard on inquiry, the exultant one's
wlonces wiʒcræft. wiðres
prowess, despaired of resistance,
ne truwode. þæt he saemannum
with earls of the ocean to be able
onsacan mihte,
to struggle,

Against sea-going sailors to save the
heaðoliðendum hord forstandan
hoard-treasure, his wife and his
bearn ond bryde. beah eft þonan
children; he fled after thenceward
eald under eorðweall.
old 'neath the earth-wall. Then
þa wæs æht boden
was offered pursuance to the brave
Sweona leodum. seʒn
of the Swedemen, the banner to Hyge-
Hiʒelaces freoðowonʒ þone
lac. They fared then forth o'er the
forð oferheodon
field-of-protection,

When the Hrethling heroes hedge:
syððan Hreðlinʒas to hagan þrunʒon.
ward had thronged them. Then with

Þæʀ weapð Onʒenðiow ecʒum sweopdan

Edʒes of iron was Onʒentheow driven,

blondenfexa on bid wrecen

the gray-haired to tarry, that the

þæt se þeodcyninʒ ðafian sceolde

tribe-ruler had to suffer the power

Eafopes anne dom· hyne yppinʒa

solely of Eofor: Wulf then wildly

Wulf Wonredinʒ waepne ʒepaehte

with weapon assaulted him,

Wonred his son, that for swing of

þæt him fop swenʒe swat

the edges the blood from his body

aeðrum sprionʒ forð

burst out in currents, forth 'neath

under fexe· næs he forht

his hair. He feared not however,

swa ðeh ʒomela Scilfinʒ

gray-headed Scylfing, but speedily

ac forʒeald hpaðe wypsan

quited the wasting wound-stroke

wpixle wælhlem þone

with worse exchange,

Then the king of the thane-troop

syððan ðeodcyninʒ þyder oncirðe·

thither did turn: the wise-mooded

ne meahte se snella sunu

son of Wonred was powerless to

Wonredes ealdum ceorle hondslyht

give a return-blow to the age-hoary

ʒiofan ac he him on heafðe helm

man, but his head-shielding helmet

aer ʒesceр þæt he blode fah

first hewed to pieces, that flecked

buʒan sceolde· feoll on foldan·

with gore perforce he did totter, fell

næs he fæʒe þa ʒit

to the earth; not fey was he as yet,

but up ðid he spring though an edge-

ac he hyne ʒewypte þeah ðe

wound had reached him. Then Hige:

him wund hrine· let se hearða

lac's vassal, valiant and dauntless,

Hiʒelaces þeʒn bpade mece þa

when his brother lay dead, made

his broðor læʒ ealdsweopd eotonisc

his broad-bladed weapon, troll-

entiscne helm

sword ancient, defence of the giants,

bound o 'er the shield-wall; the

bpecan ofer bopðweal· ðan

folk-prince succumbed then, shep:

ʒebeah cyninʒ folces hypde·

herd of people, was pierced to the

wæs in feorh dpopen. Ða waepon

vitals. There were many attendants

moniʒe þe his maeʒ wpiðon·

who bound up his kinsman, carried

ricone apaepdon ða

him quickly when occasion was gran:

him ʒerymed weapð þæt hie

ted that the place of the slain they

wælstowe wealdan moston·

were suffered to manage.

This performing, one hero plundered the

þenden peapode pinc oðepne·

other, his iron armor from Ongen:

nam on Onʒenðio ipenbypnan

theow ravished, his hard-sword

heapd swypd hilted ond his

hilted and helmet together; the old

helm somod· hares hyrste

one's equipments he carried to

Hiʒelace bæp· he ðam fpætwum

Higelac. He the jewels received, and

fenʒ ond him fæʒpe ʒehet

rewards 'mid the troopers

Graciously promised, and so did

leana mid leodum ond ʒelaeste swa·

accomplish: the king of the Weders

geald þone guðræs Geata dryhten
requited the war-rush, Hrethel's
Hreðles eafora þa he to
descendant, when home he repaired
ham becom Iofore ond Wulfe
him, to Eofor and Wulf with wide-
mid ofermaðmum· sealde hiora
lavished treasures, to each of them
gehwæðrum hund þusenda
granted a hundred of thousands
Both in land and rings wrought out
landes ond locenra beaga
of wire: none upon mid-earth needed
—ne ðorfte him ða lean oðwitan
to twit him with the gifts he gave
mon on middangearde syððan
them, when glory they conquered;
hie ða mærða geslogon—
and to Eofor then gave he his one
ond ða Iofore forgeaf angan dohtor
only daughter, the honor of home, as
hamweorðunge hyldo to wedde.
an earnest of favor.

That's the feud and hatred—as
Þæt ys sio fæhðo ond se feondscipe
ween I 'twill happen— the anger of
wælnið wera ðæs ðe ic wean hafo
earthmen, that earls of the Swede:
þe us secðað to Sweona leoda
men will visit on us, when they hear
syððan hie gefricgead frean userne
that our leader lifeless is lying, he
ealdorleasne þone ðe aer geheold
who longtime protected his hoard
wið hettendum hord ond rice
and kingdom 'gainst hating assailers,

Who on the fall of the heroes de-
æfter hæleða hryre,
fended of yore the deed-mighty Scyl-
hwate Scildingas· folcred

dings, did for the folk what best did
fremede oððe furður gen
avail them, and further moreover
eorlscipe efnde. Me is ofost
hero-deeds 'complished. How is
betost þæt we þeodcyning
haste most pring, that the lord of
þær sceawian
liegemen we look upon yonder,
And that one carry on journey to
on adfære· ne scel anes hwæt
death-pyre who ring-presents gave
meltan mid þam modigan
us. Not aught of it all shall melt
ac þær is maðma hord
with the brave one—there's a mass
gold unrime grimme
of bright jewels and gold beyond
geceapod ond nu æt
measure, gruesomely purchased and
siðestan sylfes feore
erring it all ornament-rings too
bought with his life; these fire shall
beagas gebohte: þa sceall brond fretan,
devour, flame shall cover, no earl:
æled þeccean, nalles eorl wegan
man shall wear a jewel-memento,
maððum to gemyndum ne mægð scyne
nor beautiful virgin have on her neck
habban on healse hringweorðunge
rings to adorn her, but wretched in
ac sceal geomormod golde bereafod
spirit bereavèd of gold-gems
She shall oft with others be exiled
oft nalles æne elland tredan
and banished, since the leader of
nu se herewisa hleahtor alegde
liegemen hath laughter forsaken,
gamen ond gleodream.
mirth and merriment. hence many a

Forðon sceall gar wesan
WAR-SPEAR COLD FROM THE MORNING
monig morgenceald mundum
shall be clutched in the fingers,
bewunden, hæfen on handa, nalles
heaved in the hand, no harp-
hearpan sweg
music's sound shall

Taken the warriors, but the wan-
wigend weccean ac se wonna hrefn
coated raven fain over fey ones free
fus ofer fægum fela reordian,
shall gabble, shall say to the eagle
earne secgan hu him æt æte
how he sped in the eating, when, the
speow þenden he wið wulf
wolf his companion, he plundered
wæl reafode.' Swa se secg
the slain." So the high-minded hero
hwata secggende wæs
was rehearsing these stories

Loathsome to hear; he lied as to
laðra spella· he ne leag
few of Wyrds and of words. All the
fela wyrda ne worda.
war-troop arose then, 'neath the
Weorod eall aras· eodon unbliðe
eagle's cape sadly betook them,
under earna næs wollenteare
weeping and woeful, the wonder to
wundur sceawian· fundon ða on
look at. They saw on the sand then
sande sawulleasne
soulless a-lying,

his slaughter-bed holding, him who
hlimbed healdan þone þe him
rings had given them in days already
hringas geaf aeppan maelum·
done; then the death-bringing moment
þa wæs endedæg godum gegongen

was come to the good one, that the
þæt se guðcyning Wedra þeoden
king very warlike, Weder-chieftain,
wundordeaðe swealt.
with wonder-death perished. First
Aer hi þaer gesegan
they beheld there a creature more
syllicran wiht
wonorous,

The worm on the field, in front of
wyrm on wonge wiðerræhtes
them lying, the foeman before them:
þaer laðne licgean: wæs se
the fire-spewing dragon, ghostly and
legðraca grimlic gryregiest
grisly guest in his terrors, was scor-
gledum beswaeled· se wæs
ched in the fire; as he lay there he
fiftiges fotgemearces lang on legere·
measured fifty of feet; came forth in
lyftwynne heold
the night-time

To rejoice in the air, thereafter de-
nihtes hwilum· nyðer eft gewat
parting to visit his den; he in death
dennes niosian· wæs ða
was then fastened, he would joy in
deaðe fæst· hæfde eorðscrafa
no other earth-hollowed caverns.
ende genyttod· him big stodan bunan
There stood round about him
ond orcas· discas lagon ond dyre
beakers and vessels, dishes were
swyrd omige þurhetone swa hie wið
lying and dear-valued weapons,

With iron-rust eaten, as in earth's
eorðan fæðm þusend wintra
mighty bosom a thousand of winters
þaer eardodon· þonne wæs þæt yrfe
there they had rested: that mighty

eacencpæftiz, iumonna zold zaldpe
bequest with magic was guarded

bewunden þæt ðam hpinzsele hpinan
gold of the ancients, that earlman

ne moste zumena aeniz nefne zod sylfa
not any the ring-hall could touch,

sizopa soðcyninz sealde þam ðe he wolde
save ruling-god only, sooth-king of

—he is manna zehyld— hopd openian· efne swa
vict'ries, gave whom he wished to.

hwylcum manna swa him zemet ðuhte.

Then 'twas seen
þa wæs
that the journey

zesyne þæt se sið ne ðah
prospered him little who wrongly

þam ðe unpihte inne zehydde
within had the ornaments hidden

wpæce unden wealle·
down 'neath the wall. The warden

weapd aep ofsloh feapa sumne·
erst slaughtered some few of the

þa sio faehð zeweapð
folk-troop: the feud then thereafter

Was hotly avenged. 'Tis a wonder
zewpecen wpaðlice. Wundup
where, when the strength-famous

hwap þonne eopl ellenpof
trooper has attained to the end of

ende zefepe lifzesceafta þonne
life-days allotted, then no longer the

lenz ne mæz mon mid
man may remain with his kinsmen

his maezum meduseld buan·
where mead-cups are flowing. So to

swa wæs Biowulfe, þa he
Beowulf happened when the ward

biopzes weapd

of the barrow,

assaults, he sought for: himself had
sohte seaponðas: seolfa ne cuðe
no knowledge how leaving this life

þuph hwæt his wopulde zedal
was likely to happen. So to dooms:

weopðan sceolde. Swa hit oð domes dæz
day, famous folk-leaders down did

diope benemdon þeodnas maepe þa
call it with curses—who 'complished

ðæt þaep dydon· þæt se secz
it there— that that man should be

waepe synnum scildiz
ever of ill-deeds convicted,

confined in foul-places, fastened in
hepzum zeheaðepod hellbendum fæst
hell-bonds, punished with plagues,

wommum zewitnad se ðone
who this place should e'er ravage.

wonz stpude· næs he zoldhwæte
he cared not for gold: rather the

zeapwop hæfde azendes ést
Wielder's favor preferred he first

aep zesceawod. Wizlaf maðelode
to get sight of. Wiglaf discoursed

Wihstanes sunu:
then, Wihstan his son:

Oft many an earlman on one man's
'Oft sceall eopl moniz anes willan
account must sorrow endure, as to

wpaec adpeozan swa us zewopden is·
us it hath happened. The liegelord

ne meahton we zelaepan
beloved we could little prevail on,

leofne þeoden pices hypde
kingdom's keeper, counsel to follow,

þaed aenizne· þæt he ne zpette
not to go to the guardian of the gold-

zoldweapd þone·
hoard, but let him

Lie where he long was, live in his
lete hyne licgean þaer he longe wæs,
Dwelling at the end of the world.
wicum wunian oð woruldende·
Met we a destiny hard to endure:
heoldon heahgesceap· hord ys
the hoard has been looked at, been
gesceawod, grimme gegongen·
gained very grimly; too grievous the
þæt gifeðe wæs to swið þe
fate that the prince of the people
ðone þyden ontyhte·
pricked to come thither.

I was therein and all of it looked at,
Ic wæs þaer inne ond þæt eall geondseh
the building's equipment, since access
recedes geatwa þa me gerymed wæs,
was given me, not kindly at all gran:
nealles swaeslice sið alyfed
ted entrance within under earth-
inn under eorðweall· ic on ofoste gefeng
wall. Hastily seized I and held in
micle mid mundum mægenbyrðenne
my hands a huge-weighing burden
Of hoard-treasures costly, hither
hordgestreona· hider ut ætbær
out bare them to my liegelord dear:
cyninge minum· cwico wæs þa gena
Life was yet in him, and conscious:
wis ond gewittig· worn eall gespræc
ness also; the old one discoursed
gomol on gehðo ond eowic
then much and mournfully, comman:
gretan het· bæd þæt ge geworhton
ded to greet you, bade that, the
æfter wines daedum
deeds of your kin-lord remembering,

Should ye build on the fire-hill of
in baelstede beorh þone hean
corpses a lofty burial-barrow, huge

micelne ond maerne swa he manna wæs
and far-famed, as 'mid world-
wigend weorðfullost wide geond eorðan
Dwelling warriors he was widely
þenden he burhwelan brucan moste·
honored while he reveled in riches.
Uton nu efstan oðre siðe
Let us rouse us and hasten again to
seon ond secean on searogeþræc
see and seek for the treasure,
The wonder 'neath wall. The way I
wundur under wealle· ic eow wisige
will show ye, that close ye may look
þæt ge genoge neon sceawiað
at ring-gems sufficient and gold in
beagas ond brad gold· sie sio baer gearo
abundance. Let the bier with promp:
aedre geæfned þonne we ut cymen
tness fully be fashioned, when forth
ond þonne geferian frean userne
we shall come, and lift we our lord,
leofne mannan þaer he longe sceal
then, where long he shall tarry,
Well-beloved warrior, 'neath the
on ðæs waldendes
Wielder's protection." Then the son
waere geþolian·' Het ða
of Wihstan bade orders be given,
gebeodan byre Wihstanes hæle
mood-valiant man, to many heroes,
hildedior hæleða monegum
holders of homesteads, that they
boldagendra þæt hie baelwudu
hither from far, leaders of liegemen,
feorran feredon folcagende
should look for the good one
With wood for his pyre: "How the
godum togenes· 'Nu sceal gled fretan,
flame shall swallow (the wan fire
weaxan wonna leg wigena strengel

shall wax) the warriors' leader
þone ðe oft gebad isernscure
who the rain of the iron often bided,
þonne stræla storm strengum
when, stoutly hurled, the storm of
gebæded scoc ofer scildweall·
the arrows leapt o'er linden-wall,
sceft nytte heold fæðergeanwum fus·
the lance rendered service, furnished
flane fulleode.'
with feathers followed the arrow."

Now the wise-mooded son of Wih-
huru se snotra sunu Wihstanes
stan did summon the best of the
acigde of corðre cyniges þegnas
braves from the band of the ruler
syfone tosomne þa selestan·
seven together; 'neath the enemy's
eode eahta sum under inwithrof
roof he went with the seven; one of
hildepinc· sum on handa bær
the heroes who fared at the front,
aeledleoman se ðe on orde geong·
a fire-blazing torch-light bare in his
Næs ða on hlytme hwa'
hand. Ho lot then decreed who that
þæt hord strude
hoard should havoc,

When hero-earls saw it lying in the
syððan orwearde aenigne dael
cavern uncared-for entirely, rusting
seccas gesegon on sele wunian
to ruin: they rued then but little
laene licgan· lyt aenig mearn
that they hastily hence hauled out
þæt hi ofostlice ut geferedon
the treasure, the dear-valued
dyre maðmas· dracan ec
jewels; the dragon eke pushed they,
scufun wyrm ofer weallclif·

the worm o'er the wall, let the
leton weg niman, flod
wave-currents take him, the waters
fæðmian fraetwa hyrde·
enwind the ward of the treasures.
þæt wæs wundengold on waen
There wounden gold on a wain was
hladen aeghwæs unrim,
uploaded, a mass unmeasured, the
æþelinge boren harum
men-leader off then, the hero hoary,
hilde to hrones næsse·
to whale's-ness was carried.

THE folk of the geatmen got
him ða gegiredan Geata
him then ready a pile
leode ad on eorðan
on the earth strong for the burning,
unwaclicne helmum behongen
behung with helmets, hero-knights'
hildebordum beorhtum byrnum
targets, and bright-shining burnies,
swa he bena wæs·
as he begged they should have them;

Then wailing war-heroes their woe
alegdon ða tomiddes maerne
famed chieftain, their beloved liege-
þeoden hæleð hiofende hlaford leofne·
lord, laid in the middle. Soldiers
ongunnon þa on beorge
began then to make on the barrow
baelfyra maest wigend weccan·
the largest of dead-fires: dark o'er
wudurec astah sweart ofer swioðole
the vapor the smoke-cloud ascended,
swogende leg
the sad-roaring fire,

Mingled with weeping (the wind-
wope bewunden —windblond gelæg—
roar subsided) all the burning of

oð þæt he ða banhus gebrocen
bone it had broken to pieces, hot in
hæfde hat on hreðre.
the heart. heavy in spirit they said-
higum unrote modceare mændon
mooed lamented the men-leader's
mondryhtnes cwealm. swylce
ruin; and mournful measures the
giomorgyd Geatisc anmeowle
much-grieving widow.

❋ ❋ ❋ ❋ ❋ ❋

The men of the Weders made accor-
geworhton ða Wedra leode
dingly a hill on the height, high and
hlaeo on hoe se wæs heah ond brad
extensive, of sea-going sailors to be
waeglidendum wide gesyne
seen from a distance, and the brave
ond betimbredon on tyn dagum
one's beacon built where the fire
beadurofes becn. bronda lafe
was, in ten-days' space, with a
wealle beworhton swa hyt weorðlicost
wall surrounded it, as wisest of
foresnotre men findan mihton.
world-folk could most worthily

Plan it. They placed in the barrow
hi on beorg dydon beg ond siglu
rings and jewels, all such ornaments
eall swylce hyrsta swylce on
as erst in the treasure war-mooded
horde aer niðhedige men genumen
men had won in possession: to earth
hæfdon. forleton eorla gestreon
they entrusted the earnings of earl:
eorðan healdan gold on greote þær
men, the gold to the dust, where yet
hit nu gen lifað
it remaineth as

useless to mortals as in foregoing
eldum swa unnyt swa hyt aeror wæs.
eras. 'Round the dead-mound rode
þa ymbe hlaew riodan, hildedeore
then the doughty-in-battle, bairns of
æþelinga bearn ealra twelfa.
all twelve of the folk-chiefs, more
woldon ceare cwiðan kyning maenan,
would they mourn, lament for their
wordgyd wrecan ond ymb wer sprecan.
ruler, speak in measure, mention him

With pleasure, weighed his worth,
eahtodan eorlscipe ond his ellenweorc
and his warlike achievements might:
duguðum demdon. Swa hit gedefe bið
ily commended, as is meet one praise
þæt mon his winedryhten wordum herge.
his liegelord in words and love him
ferhðum freoge þonne he forð scile
in spirit, when forth from his body
of lichaman laeded weorðan.
he fares to destruction. So lamented

Mourning the men of the Geats,
swa begnornodon Geata leode
fond-loving vassals, the fall of
hlafordes hryre, heorðgeneatas:
their lord, said he was kindest of
cwaedon þæt he waere wyruldcyning
kings under heaven, gentlest of men,
manna mildust ond monðwaerust
most winning of manner, friendliest
leodum liðost ond lofgeornost.
to folk-troops & fondest of honor.

Translated by the renowned poet J. Lesslie
Hall in 1897. Reprinted by Joel Trumbo in
2018 at Tamburn in the Old Dominion,
with the original Anglo-Saxon text
inscribed interlinearly.

Made in the USA
Coppell, TX
18 January 2020

14667817R00069